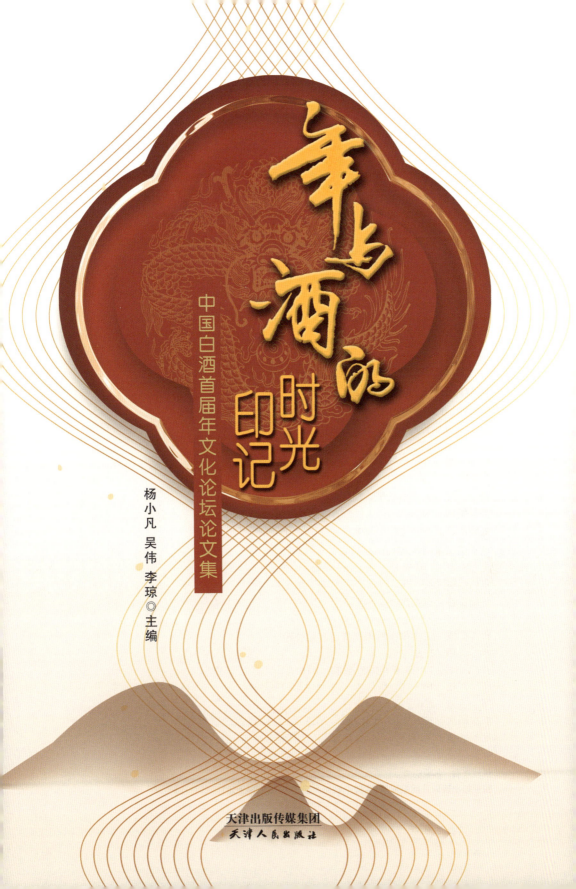

年与酒的时光印记

时光印记

中国白酒首届年文化论坛论文集

杨小凡 吴伟 李琼 ◎主编

天津出版传媒集团

天津人民出版社

图书在版编目（CIP）数据

年与酒的时光印记：中国白酒首届年文化论坛论文集 / 杨小凡, 吴伟, 李琼主编. -- 天津：天津人民出版社, 2023.10

ISBN 978-7-201-19803-3

Ⅰ. ①年… Ⅱ. ①杨… ②吴… ③李… Ⅲ. ①春节—风俗习惯—文化研究—中国—文集 Ⅳ. ①K892.1-53

中国国家版本馆CIP数据核字（2023）第175215号

年与酒的时光印记：
中国白酒首届年文化论坛论文集
NIAN YU JIU DE SHIGUANG YINJI : ZHONGGUO BAIJIU
SHOUJIE NIAN WENHUA LUNTAN LUNWENJI

出　　版	天津人民出版社	
出 版 人	刘　庆	
地　　址	天津市和平区西康路35号康岳大厦	
邮政编码	300051	
邮购电话	（022）23332469	
电子信箱	reader@tjrmcbs.com	

责任编辑	吴　丹	
装帧设计	卢炀炀	

印　　刷	天津市银博印刷集团有限公司	
经　　销	新华书店	
开　　本	710毫米×1000毫米　1/16	
印　　张	16.5	
字　　数	206千字	
版次印次	2023年10月第1版　2023年10月第1次印刷	
定　　价	86.00元	

序:时光流转春常在,古井酒香总迷人

年,是时间转换的标志,"一夜连双岁,五更分二年"。过年的隆重,就在于它处在新与旧的时间节点上。年,也是中华儿女最重要的一个节日。

年的味道,是团圆酒的味道。年文化和酒文化是中华优秀传统文化的重要组成部分,酒文化是年文化的具象,年文化是酒文化的载体。作为"中国酒文化优秀传播者",多年来,古井贡酒深耕年文化,连续八年与央视春晚"牵手",还推出了"年份原浆·古20"、古香型烤麦香"年份原浆·年三十",以及相应的生肖版等产品,传递中华优秀传统文化与民俗。

亳州是中国酒的重要发源地之一,特别是作为中国老八大名酒之一的古井贡酒,拥有一千八百多年的历史,为了进一步讲好古井贡酒文化故事,古井集团于2022年牵头成立安徽古井贡酒年份原浆·文化研究院,通过开展以古井贡酒为主题的历史文化研究推广,深化对中华优秀传统文化的认识。文化研究院成立后,即举办了中国白酒首届年文化论坛。

亳州市委常委、宣传部部长吉洪武,中国酒业协会理事长宋书玉,南京大学历史学院院长张生等参加论坛并发表致辞及演讲。南京大学历史学院教授、南京六朝博物馆馆长胡阿祥与参会人员"谈年说酒",品"年酒",悟"大道"。华东师范大学中国智慧研究院院长、中国现代思想文化研究所研究员贡华南以"意味深长的年三十"为主题进行分享。年画艺术家、首批国家级非物质文化遗产项目杨柳青年画代表性传承人冯庆钜从年俗、年画、年酒等三个方面,对年文化进行阐述。中国酒史学家、山东社会科学院历史所研究员王赛时作"中国的年酒文化"主题演讲。中国科学技术大学科技史与科技考古系教授张居中,安徽师范大学马克思主义学院教授、安徽师范大学出版社总编辑、副社长戴兆国,中国酒业协会文化委员会秘书长任志宏等,在现场作交流发言。

本书从会议论文中选取了四十余篇文章,按照"奏响年文化协奏曲""专家谈酒论年""腊月话年正当时""同饮一盏'中国年'""一场年文化的深度对话"五部分划分内容。全书从民俗、文化的角度对年文化进行了梳理,从历史考证和工艺分析的角度论说了中国白酒历史的渊源流长和文化的博大精深,并将厚重的酒文化和璀璨的年文化深度融合,目的是在坚守优秀传统文化的同时,将传统与现代相适应,做到与时俱进。

我们将这些文章集结成册,还面向各界专家学者等征集了有关年主题的文章。其中有著名作家、翻译家,第十一和十二届全国政协委员、中国作协影视文学委员会副主任、中国电影文学学会常务副会长艾克拜尔·米吉提,江苏省社会科学院哲学文化所研究员、江苏省人民政府参事胡发贵,南京大学历史学院教授、博士生导师李玉,天津人民出版社首席图书编辑吴丹,暨南大学管理学院副院长戴胜利,《华夏酒报》副总编辑、资深媒体人、著名酒业观察家刘震东,美酒霞客创始人、于瑞定位机构董事长于瑞,中国作家协会会员、中国美术家协会会员杨永超,亳州市作家协会副主席杨勇,亳州市委宣传部原常务副部长、教育局原党组书记、局长陈亮,原亳县农业局局长穆子真等。

在此,我们衷心感谢上述各位专家学者,他们将最诚恳的评价给了古井贡酒。当然,因为篇幅有限,还有大量优秀作品未能收录,我们一并致以最真诚的感谢!

一酒一世界,一年一轮回。变的只是形态,总有些坚守从未转移。希望借以此书更好地传承和发扬中华优秀传统文化,伴随时光流转,年味与酒味流光不减,魅力常在。

时光流转春常在,古井酒香总迷人!

是为序!

编　者

2023 年 3 月 15 日

目　录

一　奏响年文化协奏曲 ……………………………… 1

用中国酒致敬中国年 ……………………………… 3

一杯"年酒"意深远 ………………………………… 7

年文化的九大特征 ………………………………… 11

酒中牡丹绽放世界 ………………………………… 15

年华易老,技艺永存 ……………………………… 17

中国年酒的历史变迁 ……………………………… 21

曹操故里谈年说酒 ………………………………… 39

意味深长的年三十 ………………………………… 45

古香型工艺诞生记 ………………………………… 53

二　专家谈酒论年 …………………………………… 63

千年古井酒,欢伯"年三十" ……………………… 65

发挥元宇宙技术,促进酒文化建设 ……………… 73

酒性与人性 ………………………………………… 85

井与酒的随想 ……………………………………… 89

烤麦香 ……………………………………………… 93

我的古井印象 ……………………………………… 97

酒里的风物和故土 ………………………………… 105

一眼古井,千年飘香

　　——一个局外人眼中的古井印记 ·················109

当前对中国传统的白酒业进行一次深度革命

　　——将传统的一代白酒物质产品转型升级为二代白酒精神

　　文化产品 ···································113

三　腊月话年正当时 ·································119

过年,是华夏儿女挥之不去的记忆 ·················121

有此年酒,相见胡不喜 ·························125

老酒,让"过年"更有味道 ·······················129

中国人的年和酒 ·······························139

兴福寺古碑背后的历史故事 ·····················145

亳州酒风漫谈 ·································149

意蕴深厚的酒文化 ·····························155

四　同饮一盏"中国年" ·····························163

翰墨酒香寻年味儿 ·····························165

"烤麦香"里说丰年 ·····························171

当粮谷酿成一杯醇酒,年三十就到了 ···············177

酒中的年味儿 ·································181

年三十,挥之不去的记忆 ·······················185

美好中国年,致敬新时代 ·······················189

年三十,立在品位与情感之巅 ·····················193

饮　年 ·······································197

年三十:舌尖上的年文化 ·······················203

乐饮白酒,饮之康乐 ·····························207

五　一场年文化的深度对话 ·························211

中国白酒首届年文化论坛在亳州举行 ···············213

解码烤麦香 ···································219

把盏年三十,畅谈中国年酒文化 …………………………… 225

懂酒,懂年,更懂美 …………………………………………… 231

厚植"年文化"基因,做中国人的"年酒"! ………………… 235

以年酒深耕年文化 …………………………………………… 239

中国年+中国酒=中国年酒 ……………………………… 245

何谓先生,中国诗词大会里的"诗风酒道" ………………… 251

后记:畅谈年与酒 ……………………………………………… 255

一　奏响年文化协奏曲

　　春节,可以说是中国传统节日里,最隆重、最被重视的节日,年文化深远而厚重。为坚定文化自信,发扬光大中华优秀传统文化,古井集团努力发掘中国年文化的深厚内涵,举办中国白酒首届年文化论坛。在这场论坛上,专家学者齐聚一堂,探讨中国年文化特有的文化价值和深刻内涵,共同奏响年文化的协奏曲。

用中国酒致敬中国年

梁金辉

尊敬的宋书玉理事长、张生院长,各位领导、各位嘉宾、媒体朋友们:

大家上午好!

在这充满丰收喜悦的美好时节里,很荣幸与各位把酒论年、共聚一堂。我代表古井集团向莅临本次论坛的各位领导、各位嘉宾,表示热烈的欢迎、真诚的问候和衷心的感谢!

2022年7月,"安徽古井贡酒年份原浆·文化研究院"正式成立,年文化论坛是研究院成立后的首场活动,意义重大。

成立"安徽古井贡酒年份原浆·文化研究院",旨在搭建古井集团智

古井集团党委书记、董事长梁金辉致辞

库,让古井贡酒·年份原浆"粮食""品质""健康""文化"四大研究院携手共振,落实"大师智企"理念,提升古井核心能力,建立并完善古井贡酒的品质表达体系。

举办年文化论坛,是想与在座的各位专家一起,进一步发掘中国年文化的深厚内涵,为坚定文化自信,发扬光大中华优秀传统文化,贡献古井力量。

同时,我们还有更多的考虑。

"年"是中国人最重要的节日,是全球华人共同的精神图腾和家园,也可以说是中国人文的聚焦。有钱没钱,回家过年。年是时间的度量、历史的刻度,年是久别的团圆、追梦的起点,年是过去的总结、未来的绵延。年,承载了中国人太多的情感寄托和劳动成果。都说要弘扬中国文化,作为白酒企业,我们怎么样做酒文化来弘扬中国文化,我们该用什么形式,具体来说,用什么样的酒,来致敬"中国年"呢?

从2016年开始,古井连续八年携手央视春晚,向全国人民拜大年,"过大年,喝古井,看春晚"成为一句流行语,响遍大江南北,逐步深入人心,广为流传。同时,历经十年研发,我们在2020年重磅推出了"古香型"白酒"年份原浆·年三十",这是一款以情感和家国天下为载体的中国人的"年酒",也是古井贡酒与中国年文化契合的直观表现。

总之,我们希望借助此次论坛,进一步弘扬中华优秀传统文化,让文化生发古井香;把年文化进一步贯彻全年,让大家每天都有过大年的感觉;进一步凸显古井贡献文化,礼赞这个伟大的时代!

今天的现场,大师云集、高朋满座,谈酒论文,对我来说是一次非常难得的学习机会。各位的真知灼见,定将对古井未来的发展带来深远的影响,对中国年文化的挖掘、研究起到推陈出新、继往开来、基业长青的作用。

最后,真诚地祝福各位领导和嘉宾身体健康,万事吉祥! 幸福生活比蜜甜,天天都是过大年!

作者简介：梁金辉，古井集团党委书记、董事长。长期致力于白酒文化的研究传播和企业文化的深入建设，发表专著《亳州商业文明探源》《人类与酒的那些事儿》，创作歌词歌曲《情曹操》《亳字歌》《乘着高铁去看你》《昨夜》等。

一杯"年酒"意深远

吉洪武

尊敬的宋书玉理事长,各位领导、各位嘉宾、各位专家、媒体朋友们:

大家上午好!

风到亳州带酒香,金秋佳酿邀客尝。非常荣幸能和各位一起相聚亳州,参加中国白酒首届年文化论坛。在此,我谨代表亳州市委、市政府,向莅临本次论坛的领导和嘉宾表示热烈的欢迎!向大家一直以来对亳州发展的关心支持、对古井集团的鼎力相助表示衷心的感谢!

亳州历史源远流长,历史名人灿若星河。亳州是国家历史文化名

亳州市委常委、宣传部部长吉洪武致辞

城、全国优秀旅游城市,也是药都酒乡,有"天下道源、圣贤故里、世界药都、养生亳州"的美誉。药酒同源,酒为百药之长。一千八百多年前,神医华佗在谯郡开辟了第一块药圃,自此之后,药材种植就逐渐在亳地蔚然成风。前几天,2022年国际(亳州)中医药博览会暨第38届全国(亳州)中药材交易会在亳州成功召开。亳州还是华夏酒城,三千七百多年前,商汤建都于亳,据史料和考古发现表明,那时的商朝人已经掌握用酒曲酿造美酒的方法,这也使亳州开创了酿酒工艺的先河,成为中国酒文化的重要发源地。

2021年召开的亳州市第五次党代会提出,全面实施"六一战略",全力建设"一都一区一基地、一城一市一中心"。一城,即华夏酒城。作为亳州市白酒行业的龙头企业,近年来,古井集团坚持固本、提质、增效,实施"品质、品牌、品行"三品工程,全力投身"六一战略",勇当"华夏酒城"建设主力军,为亳州市高质量发展做出了突出贡献。

年,是我国一年中最为隆重、最值得眷恋的传统节日,是中华民族传承时间最长、节庆气氛最浓、影响范围最广的盛大节日,蕴含着我国传统文化的精髓,承载着中华民族的民族精神、民族情感和思想精华。年,是一个传统节日,也是一种传统文化。年文化,寄托着老百姓最浓的情感和最美好的祝愿,过年是历史传统、文化传统的积淀和时代再现,处处洋溢着浓浓的亲情、友情和乡情。年味儿是热闹非凡的烟火味儿,也是传承不息的文化味儿。举办年文化论坛,对于理解过年的深层意义和文化价值,对于挖掘新年的文化内涵与精神价值,对于代代相传节日的优良传统,对于传承发展中华优秀传统文化,对于增强中华民族的凝聚力和向心力,具有重要意义。

一杯"年酒"里,有对家人的爱,对朋友的情,对祖国的祝愿,对未来的祈盼。今天,古井贡酒邀请全国著名专家,齐聚药都亳州,共同探讨年文化。相信各位专家的真知灼见一定能让古井、让华夏酒城建设受益匪浅。

最后,祝本次论坛活动圆满成功!祝各位领导和嘉宾身体健康、万事顺意!同时诚挚邀请大家在亳州多走一走、看一看,深入感受古城亳州的文化魅力,也欢迎大家为亳州的发展出谋划策,贡献智慧。

作者简介:吉洪武,亳州市委常委、宣传部部长。

年文化的九大特征

宋书玉

"年"是中国人一年中最重要的节日,它不仅是农历新年的标志,也是中华文化的浓缩,承载着人们对团圆和未来的期许。粗略归纳一下,年文化至少有鲜明的"九大特征":

第一,"年"是跨度最长的节日。从每年农历腊月初八算起,一直到来年的"二月二龙抬头",这个来自漫长农耕文明时代的中国节,前后长达两个月的时间,一直在"过年",期间都是在"年"中。

第二,"年"是美好生活的精彩写照。年,不仅是中国人物质生活美的写照,亦是精神生活美的写照,更是中国人对更加美好生活的向往和期

中国酒业协会理事长宋书玉致辞

盼。过年意味着除旧迎新、更好的开始。

第三，"年"是感恩感谢的最好时刻。无论身处何地，都要回家过年。团圆是最大的孝，团圆是年最感动的时刻。感恩天地，感恩神灵，感恩父母，感恩时代。

第四，"年"是分享表达的良辰节日。忙忙碌碌奔波了一年，兄弟姐妹、长辈晚辈欢聚一堂，谈事业，谈学业，谈成功，谈坎坷，谈未来，一年多少事，都付笑谈中。来年多么好，都在寄语中。

第五，"年"是感受亲情的节日。无论你多富有，无论你官多大，到什么时候都要通过年感受亲情。年文化，是家文化，是亲情文化，血浓于水。无论各人有多大的差别，都是平等友爱过大年。

第六，"年"是承载着儿时的美好记忆。在我们每个人的心中，都有一个永远忘不了的少年、童年。而"年"，又是少年、童年最让人难忘的美好时光。即便是现在年味儿有些淡了，"年"仍然是年轻人和孩子们参与最多、最广泛的传统节日。

第七，"年"是永恒的庆典。从几千年前的青铜时代、铁器时代一直到今天的第四次工业革命时代，沧海桑田"年"不变。"年"永远是中国传统节日中最大、最重要、最热闹的一个节日，是文化内涵最丰富的节日。它集中华民族的价值观念、伦理道德、思维模式、行为规范、审美情趣于一身，是中华民族文化的重要载体。

第八，"年"是全球华人的标签。年文化体现了中华民族独特的文化基因。千百年来，无论海内还是海外，年文化广泛吸引十几亿中华儿女广泛参与和共享。海外华人每年通过亲身参与春节的各种活动，不断确认和强化自己是一个"文化上"的中国人，从而加强了中华民族的凝聚力和向心力。

第九，"年"是非宗教性的文化盛宴。世界上大多数民族的第一大节日都与宗教有关。但"年"作为中国的第一大节，是非宗教性的，是一个反映太阳、月亮运动规律的自然节日，体现了中华民族天人合一的理念。由于春节具有非宗教性的特征，任何民族和信仰任何宗教的人都可以过春节。

年文化独特鲜明的这"九大特征",正如中宣部联合多部门发布的《关于运用传统节日弘扬民族文化的优秀传统的意见》指出:"凝结着中华民族的民族精神和民族情感,承载着中华民族的文化血脉和思想精华,是维系国家统一、民族团结和社会和谐的重要精神纽带,是建设社会主义先进文化的宝贵资源。"

年文化独特鲜明的这"九大特征"中,也不能少了"美酒相伴"。2022年8月18日在"中国酒业活态文化高峰论坛"上,我们提出了"中国酒业文化理念体系",其中包括"文化蓬勃世界 品质磅礴未来"的产业愿景、"君子之酿 和而不同"的产业哲学、"共同富裕 美酒相伴"的产业使命、"合天人、法自然、存敬畏、尚礼敬、重道义、尊匠心、崇诗酒、守诚信、讲竞合、求大同"的产业核心价值观、"以礼而酿 以德而酿 以孝而酿"的产业酿造初心、"分享 表达 感恩 感谢"的产业消费文化。

在中国酒业新文化建设方面,我们提出了"文化强国重要名片 产业文化国际典范"的新文化愿景、"传统即现代"的新文化哲学、"以文兴业 以文强企 以文立酒 以文化人"的新文化使命、"品牌为本 活态为魂"的新文化价值观、"文化自觉 文化自省 文化自尊 文化自新"的新文化精神、"传承有序 传说有依 历史有证 传播有节"的新文化原则。

应该说,年文化的"九大特征"与中国酒业文化理念体系是高度契合的,古井贡酒多年来在文化方面的不懈努力,与中国酒业文化理念体系也是高度吻合的。古井贡酒把自己的品牌文化与中华优秀传统文化相结合,把自己的产品文化与年文化相结合,既符合党和国家的文化方向,中国酒业的文化理念,又走出了独具特色的古井文化之路,可喜可贺。

面对未来的新变局、新挑战、新机遇,唯有做好文化的传承创新,才能古今一脉;唯有坚定文化自信,才能行稳致远;唯有坚持品质至上,才能拥抱未来。现在正值中国酒业第一个"中国酒文化月",中国白酒首届年文化论坛是"酒文化月"重要活动之一,希望中国酒类企业都来参与"中国酒文化月"活动,希望中国名酒企业牢记初心使命,为消费者的美好生活酿

造美酒,贡献美酒文化,为中国酒业的高质量发展做出新的更大贡献。

作者简介:宋书玉,中国酒业协会理事长。从事酿酒三十多年来,填补了五项国内酿酒技术空白,取得三项发明专利、多项实用新型专利,获中国轻工联合会、省厅科技进步奖七项。其科研成果应用于白酒行业后,累计年创经济效益数亿元。

酒中牡丹绽放世界

张 生

亳州地处中原腹地,自古人杰地灵,历史文化源远流长。通过对尉迟寺、钓鱼台等遗址的发掘,我们可以看到5000年前就有先人生活在这里。在商代,亳州是商人和商文化的发祥地。酒在商人的祭祀等文化活动中,始终具有重要的地位。商人认为饮酒以后,可以使人肉体和灵魂分离,这对巫风甚炽的商人来说,是奇妙的体验,酒因而获得重要的地位,是美好品质的象征。《尚书》就记载了商王武丁表扬傅说的话"若作酒醴,尔惟曲蘖"。

此后,亳州人不断改进酿酒工艺。公元196年,曹操将家乡亳州的

南京大学历史学院院长张生视频致辞

九酝春酒和酿造方法，即《九酝酒法》贡献给汉献帝，这是中国正史第一次正式记载的贡酒历史，自此亳州美酒名扬天下。2018年，古井集团成功地为《九酝酒法》申报了吉尼斯世界纪录——"世界上最古老的蒸馏酒酿造方法"。

新中国成立后，古井贡酒焕发了青春，1963年、1979年、1984年、1989年，连续四次获得中国白酒金奖，被誉为酒中牡丹。古井人不断挖掘和提升古井贡酒的文化内涵，一方面，他们利用中央电视台春节联欢晚会这个知名度极高的文化平台，向全球华人送上自己的祝福；另一方面，他们也参与了2022年北京冬奥会和2010年以后历届世博会，向全世界分享自己对美好生活的向往。

"昌明国粹，融化新知"，古井贡酒也有与时俱进的追求，最近，他们通过自己的努力，推出了一款新的高端白酒——古香型烤麦香"年份原浆·年三十"，不同于以往的浓、清、酱等香型，"年份原浆·年三十"采用的是古典的烤麦香。"年"者何谓？年，谷熟也，一口"年三十"，仿佛置身于黄淮平原滚滚麦浪之间。

这些年来，在古井集团的支持下，我们南京大学中国酒文化研究院的各位同人，致力于对中国工业史、中国企业史、中国酿酒史的研究，取得了一定的成果，在学界和业界产生了较好的影响。我也想借这次论坛召开之机，向各位领导倡议，进一步扩大交流，加深合作，把古井贡酒做成中国酒文化的代表，中国工业史、中国企业史的样本，把古井人劳动光荣、发展有理的理念传送给全世界。

党的二十大提出，要加快构建中国话语和中国叙事体系，讲好中国故事。古井贡酒在历史文化内涵上，就是具有鲜明特色的中国故事之一，它已经通过品牌质地的营造和"酒神广场"空间的构建，初步形成了自己的叙事体系。未来，有厚望焉。

作者简介：张生，南京大学历史学院院长，侵华日军南京大屠杀史研究会会长，中国抗日战争史学会常务理事，江苏历史学会副会长。

年华易老,技艺永存

冯庆钜

金秋九月精神爽,好酒伴随时节来。很高兴,能够在这美丽的秋日和大家相会在历史文化名城亳州。我认为,中国白酒首届年文化论坛是厚重的,是有意义的。今天我主要结合自己从事的年画研究方向,从年俗、年画、年酒三个方面,来阐述咱们中国的年文化。

这些年文化正如我今天所讲的主题一样,那就是"年华易老,技艺永存"。

首先给大家介绍一下年画。天津杨柳青年画和古井贡酒酿造技艺均为国家级非物质文化遗产代表性项目,简称"非遗"。什么叫"非遗"?几

年画艺术家、首批国家级非物质文化遗产代表性项目杨柳青木版年画代表性传承人冯庆钜视频致辞

年前在文化部组织的非遗讨论会上，有位典藏专家解释说，非遗就是几千年来老祖宗给我们留下的最好的东西。这话听起来很简单，回味起来就不简单了。如古井贡酒的酿酒技艺九酝酒法一样，经过1800多年的历练才有我们今天品鉴到的香醇浓厚。年画也一样，从东汉时期到现在也有上千年历史，种类繁多，寓意美好，包罗万象，深得百姓喜爱。

年画和年酒，作为年文化中重要的两个年俗，两者虽然技艺不同，但却是相通的。这些经过时间洗礼留下来的技艺，在一代代人的传承下保留了下来。从技艺的角度，我认为"年文化"所要表达的第一层要义就是"年华易老，技艺永存"。

中国人的年是富有传奇色彩的，也是丰富多彩的。杨柳青年画在天津的发展从明清开始达到一个高峰，在天津人的生活当中，每年家家户户都要张贴年画。它不仅美化了环境，烘托了节日气氛，更重要的是在潜移默化当中对文化的传承和影响发挥了巨大的作用。咱们看到过年的时候大家去买年画，除了自己贴，还可以互相送。

年画特点通过寓意、写实等多种手法表现人民的美好情感和愿望，尤以直接反映各个时期的时事风俗及历史故事等题材为特点。如年画《莲年有余》，画面上的娃娃"童颜佛身，戏姿武架"，怀抱鲤鱼，手拿莲花，取其谐音，寓意生活富足，已成为年画中的经典，广为流传。

这张年画我带来了，请大家欣赏。杨柳青年画分三个档次：粗活、细活和贡尖年画。

其次，我们再回归"年"字上面。年字，最早见于商朝的甲骨文，文字非常简洁形象，由两个部分构成：上部是禾谷的一束穗子下垂，代表禾谷已经成熟；下部是一个弯腰、臂向下伸的人，代表人收割庄稼或背负粮食回去，两者合一即为"人负禾"或"人收禾"，表示丰收、收获等义，引申为一年的收成，五谷成熟。《说文》：季，谷熟也，本义是"五谷成熟"。

随着五谷丰收，粮食有结余了，人们用五谷酿造了酒。这种稀缺的物品，对人来说，是珍贵的，而这些好酒更要在过年时候与家人分享，从而形成了过年一定要备"年酒"的风俗。其实"年酒"一词由来已久。《儒林外史》第二回有言："我议完了事,还要到县门口黄老爹家吃年酒去哩。"《红楼梦》有言："你去问问你琏二婶娘,正月里请吃年酒的日子拟了没有?"如今过年,人们总是在桌上备一瓶好酒,这样才算一个丰收年,一个热热闹闹、辞旧迎新的年。针对"年酒"风俗,咱们古井贡酒特别研发了一款"年三十"产品,我认为古井贡酒懂中国人的年俗,懂中国人对年酒的期盼,对年的渴望。一是丰富了过年的仪式感,二是为年文化更添了一抹酒香。所以今天你要问我:年文化,是什么? 我的回答是:贴年画,喝"年三十"!

这就是我对年文化的理解,祝愿在座的各位事业圆满,合家幸福,万事如意。谢谢大家!

作者简介:冯庆钜,年画艺术家、高级工艺美术师、天津特级杨柳青年画艺术大师、中国艺术研究院民间艺术创作研究员。承袭传统勾画彩绘,技艺精湛,是首批国家级非物质文化遗产代表性项目杨柳青木版年画代表性传承人。

中国年酒的历史变迁

王赛时　王诺然

中国人过年喝酒有着悠久的历史传统。出于对年的重视,加上对酒的情感,中国人创造了无与伦比的年酒文化,这种文化,已经流传了两千多年。本文通过对历代年酒原始资料的梳理,大体勾勒出中国年酒的起源与发展脉络。其中有一点重要发现,那就是中国最早年酒之一的屠苏酒,起自"华佗与魏武帝方",这也是有据可查的中国年酒出产地的历史最早记录。

一、年酒的历史形成与文化色彩

中国酿酒历史十分久远,但最早出现的酒,主要用于部族之间的社会

中国酒史学家、山东社会科学院历史所研究员王赛时发言

活动,包括祭祀祖先和敬拜神明。随着社会生产力的发展,酒的出产量增加,人们在日常生活中才开始大量饮酒。中国年酒的形成,反映了饮酒生活的质量提升。

通过历史文献记载,我们可以追寻中国年酒的早期形态。

从物质层面上说,中国人最早喝到的年酒是椒酒,而后增加了柏酒,通称椒柏酒。在酒中添加香料,增加酒的香气,这是人们对发酵酒的改良,也代表了早期年酒的时代特色。中国原产的花椒和柏叶,率先充当了这种角色。花椒是国人最早使用的香料之一,柏叶被国人视为养生的象征,因而在最早的年酒形成中,椒酒和柏酒占据了主导地位。

从精神层面上说,中国早期的年酒含有敬家长、祝长寿的意义,而后扩大到辟瘟疫的领域。唐代兴起的屠苏酒就含带着防疫消灾的意蕴,所以会引起全社会的共鸣。这也使得中国的年酒自流行之日起,就蕴含了丰富的精神寄托。

经过漫长时间的演变。中国年酒最终成为节日生活的显著标志,刻写了深深的文化痕迹。随着中国酿酒记述的进步,人们过年喝酒,选用的年酒品种也开始增多,但无论怎样选择,饮用范围都很有限,始终没有椒酒、柏酒和屠苏酒那样流行广泛,只是在年酒历史中如流星一般成为"惊鸿一瞥"。

比如说,梅花酒也曾当作年酒使用。梅花酒的配制起自汉朝。梅花在腊月开放,所以人们选择在过年的时候饮用梅花酒,形成节令风俗。《广群芳谱》卷二引东汉崔寔《四民月令》记载:"梅花酒,元日服之却老。"古人认为,梅花浸酒,不但花香入酒,还能够延年益寿,所以元日的梅花酒又被称为"寿酒"。唐人司空图《丙午岁旦》:"鸡报已判春,中年抱疾身……梅花浮寿酒,莫笑又移巡。"但这只能算是中国年酒历史中的小插曲。

历朝历代的宫廷也都跟随时俗,过年时候喝椒酒,但偶尔也会增加一些宫廷特制酒。明朝严嵩《钤山堂集》卷十三《岁除日省中晚归是日上手札曰谕秩宗有光禄酒馔之赐》诗云:"楼雪宫烟暮景斜,手封仪疏未收衙。

君王赐得辞年酒,助与椒觞夜颂花。"光禄酒是光禄寺专门酿造的宫廷用酒,过年的时候会赏赐给值班的官员,与椒酒同为年酒。严嵩又有《元旦赐长春酒并光禄酒馔》诗:"宫醴玉馔连翩送,敕向天厨赐五臣。酒出长春名本异,赐当元日宠尤新。仙桃醉领东风暖,丰草恩沾湛露均。愿奉阳和同寿域,还歌天保答皇仁。"这里说的"长春酒",是明朝宫廷酿造的御用药酒。这种宫廷独有的年酒,外人是喝不到的。

可以看出,中国的年酒由来已久,无论是九五之尊还是平民百姓,过年喝酒都已相约成俗。

二、年酒中的椒酒

椒酒是以花椒串香的酒,被古人最早制为年酒。

花椒是我国原产的芸香科植物,古人视为芳香物质,曾用之于清洁环境、涂抹房屋和配制露酒。《诗集传名物钞》卷八注《载芟》:"椒之气烈,故古者谓椒酒,取其香且烈也。"李贤注《章华赋》:"椒酒,置椒酒中也。"古人配制的椒酒,气味香烈,一般会使用花椒粒,有时也会使用椒花,所以会有"椒酒""椒花酒"的称呼。

据《楚辞》披露,战国时期,楚国流行香料酒,其中就有"椒浆"。《楚辞·九歌·东皇太一》有言:"蕙肴蒸兮兰藉,奠桂酒兮椒浆。"先秦时代的"浆",含义较广,包括酒类,也包括其他饮料。《周礼·天官·酒正》所言:"辨四饮之物,一曰清,二曰医,三曰浆,四曰酏。"贾公彦疏:"此浆亦是酒类。"据此,《楚辞》所说的"椒浆"则可以指椒酒。椒浆以花椒为香料,酒体串香之后,便可成为特制的加香酒。这种便捷的调酒模式,为历代所继承。

实际上,中国椒酒的起源甚早,西周初年就已经出现。《诗经·周颂·载芟》透露这方面的信息。《载芟》全诗共三十一句,首先描写春耕、播种和收获,继而歌咏"为酒为醴"的制酒方式与"烝畀祖妣"的祭祀取向,最终烘托出一种生活意境:"有飶其香,邦家之光;有椒其馨,胡考之宁。"最后这几句诗的意思是说:食物芬芳,乃是家族荣耀;而椒酒馨香,便是长寿平安。按"飶"指饭香,"椒"指酒香。《载芟》创作于西周前期,当时的社会活动中

已可捕捉椒酒的踪影。

到汉朝时，椒酒已经弥漫于全国。《后汉书·边让传》所载《章华赋》中，有"兰肴山竦，椒酒渊疏"的文辞，意在宣扬美食与椒酒的丰盛。同时，饮用椒酒扩展为全国性的节令风俗。《汉书·平帝纪》颜师古注引《汉注》云："腊日上椒酒。"这是椒酒用之于节令的早期记载。汉代人过年喝椒酒，要从腊日开始喝，一直喝到大年初一。崔寔《四民月令》记载："腊明日更新，谓之小岁，进酒尊长。""腊日"即腊八，腊祭次日为小岁，这段时间，汉朝人都要饮用椒酒。

有关过年喝椒酒的风俗，东汉崔寔《四民月令》有着详细记载："正月之朔，是谓正旦，躬率妻孥，洁祀祖迹。及祀日，进酒降神毕，乃室家尊卑，无大无小，以次列于先祖之前。子妇曾孙，各上椒柏酒于家长，称觞举寿，欣欣如也。"可知每逢元旦，人们都喝椒酒，而且还要用椒酒敬奉长辈。椒柏酒，指椒酒和柏酒，这两种配制酒都用于年节。

椒酒可以提前配制，也可以饮用前临时添加，所以很多人在元旦喝椒酒的时候，要事先准备椒盘。《陆氏诗疏广要》卷上记载："过腊一日，谓之小岁，拜贺君亲，进椒酒，从小起。后世率于正月一日，以盘进椒，饮酒则撮置酒中，号椒盘焉。"

元旦之日，全家共饮椒酒的习俗，一直流传到后代。晋朝人董勋就曾有过一番详细的论述，梁宗懔《荆楚岁时记》为之转引："董勋云：'俗有岁首酌椒酒而饮之，以椒性芬香，又堪为药，故此日采椒花以贡尊者，饮之亦一时之礼也。'又晋海四令问勋曰：'俗人正日饮酒，先饮小者，何也？'勋曰：'俗云小者得岁，先酒贺之，老者失岁，故后饮酒。'"当时喝椒酒，还会从年龄排列，依次递饮，这也是古代风俗。自汉朝之后，过年喝酒，大都按照年龄，从小到老来排序。

椒酒可能不限于年节，平时储备及饮用者，亦见于史籍。《北史·孝文六王传》记载皇太子元恂被孝文帝赐死，就是"奉诏赍椒酒诣河阳"，在椒酒中下了毒药。但这样的事例并不多见。

从除夕到元旦，人们都喝椒酒，这已经形成传统习俗，就算位及人君，

古井藏酒阁

年关也是离不开椒酒的。唐五代时,皇家过年准备椒酒,已与百姓风俗无异。《册府元龟》卷二李愚《请以降诞日为千春节奏》这样表述:"岁元正之月,是猗兰降圣之辰。梅花映雪于上林,椒酒迎春于秘殿。"按后唐末帝李从珂为正月生人,古人认为恰在元正之月,所以要进奉椒酒。宋代宫廷过年也喝椒酒,欧阳修《内制集》卷一《春帖子词二十首》,呈给皇后五首,诗中这样表述:"共喜新年献椒酒,惟将万寿祝君王。"新年之始,宫廷首选的年酒,必然是椒酒。

古人每逢过年,喜欢写诗庆贺,所以,只要你翻阅古代的年节诗作,椒酒总会扑面而来。

宋朝人过年写诗,经常提到椒酒,并将其作为年节的重要标识。如郭印《云溪集》卷二《和元汝功元日感怀》诗云:"少时喜节物,常恨春来迟。而今新年至,怀抱不胜悲。儿童荐椒酒,未饮增长欷。"诗中透露了南宋过年时晚辈向长辈进奉椒酒的情景。陈造《江湖长翁集》卷十一《闻师文过钱塘》亦有"椒酒须分岁,江梅巧借春"的精彩语句。

陆游描述年节的诗篇中多次出现椒酒,如《剑南诗稿》卷六十《除夜》诗云:"残灯耿耿愁孤影,小雪霏霏送旧年。椒酒辟瘟倾潋滟,蓝袍俘鬼舞蹒跚。"又卷六五《元日》诗云:"家家椒酒欢声里,户户桃符霁色中。春枕方浓从卖困,社醅虽美倦治聋。"又卷三八《己未新岁》诗云:"饯岁愁虽剧,迎年喜亦深。桃符带草写,椒酒过花斟。"从陆游诗中可知,宋人过年的时候,一定要有椒酒在场。

元朝人亦有诗。滕安上《东庵集》卷二《除夕元日即事》有云:"每逢新岁换,偏觉故情多。椒酒俗难免,藜羹腹漫蟠。"吴当《学言稿》卷五《除夕有感》云:"两行泪对椒盘酒,一树春生蜡炬花。"韩奕《韩山人诗集》卷四《元日》云:"元日红椒酒,闲居白首人。"陈高《不系舟渔集》卷五《乙未岁元日三首》云:"春随椒酒至,雪向鬓毛添。"又卷七《正旦》诗云:"正旦每年长作客,今年新岁得还家。乡间礼数生疏甚,故旧过从笑语哗。椒酒欢来尊屡尽,菜盘醉后味偏嘉。南州土暖春光早,怪见红桃满树花。"伴随着椒酒,人们可以欢庆年华,也能够感叹人生。

明朝人继续写诗歌咏椒酒。《唐伯虎先生外编》卷一《岁朝诗》云:"海日团团生紫烟,门联处处揭红笺。鸠车竹马儿童事,椒酒辛盘姊妹筵。"谢迁《归田稿》卷六《和雪湖元日纪兴》云:"笑看儿孙绕膝前,满斟椒酒庆新年。"大年初一全家喝椒酒,这种习俗,在明代依然风靡。就是客居在外,除夕之夜,也能喝到椒酒,如《石仓历代诗选》卷三五三李祯《己亥除夕房山营中作》这样感唱:"患难仍连岁,蹉跎独此身。……椒花今夕酒,只是强沾唇。"

在明朝,椒酒还是皇家饮品的象征。释妙声《东皋录》卷上《次韵竺隐和尚朝京二首》这样讴咏:"紫陌朝天候晓凉,加沙何事造鹓行。玉杯潋滟行椒酒,金盌清凉送蔗浆。西掖梧桐秋更碧,内园仙果露犹香。客星渐散江湖远,万里重瞻佛日光。"这首诗虽为唱和之作,但却透露了竺隐和尚赴京朝拜,能够喝到皇家椒酒的信息。

面对椒酒,古人充满了赞誉之辞。韩鄂《岁华纪丽》卷一有"肴列辛盘,觞称椒酒"的铺述,宋人王炎《双溪类稿》卷十八《回郑宰启》表达情怀,更有"椒酒浮杯,奉慈颜而介寿"的敬意。通过椒酒的传递,古人把饮食生活的情趣尽情渲染。

三、年酒中的柏酒

柏酒是用柏叶串香的露酒,也叫柏叶酒。古人观察柏树为常青之木,于是采其叶、取其汁,配制成露酒,当作养生饮品。

柏酒最早用之于上寿。每到新年之际,各户人家都要备好柏酒,给年长者上寿。《太平御览》卷九五四所引《汉官仪》有"正旦以柏叶酒上寿"的记载,在这里,柏酒恭祝长寿的意念已经很清楚了。宋人晁公遡《嵩山集》卷四一《札子》中有"恨不得举柏酒为寿"的词句,表达的同样是这种情感。杨万里《诚斋集》卷五六《贺周子中监丞年》也宣称:"椒盘柏酒,阻称千岁之觞。"

自汉朝之后,古人过年,一定要摆出两样物品,一是椒盘(或用椒酒),二是柏酒。

古代医家认为,柏酒有防疫的功效。《本草纲目》卷二五曾指出:"椒柏酒,元旦饮之,辟一切疫疠不正之气。"按柏酒与椒酒齐名,或称"椒柏酒",都用作除夕和元日的节令酒。《初学记》卷四记载元日"进椒柏酒",并引用《四民月令》的话说:"椒是玉衡星精,服之令人身轻能走。柏是仙药。"古人注重节令养生,所以要把柏酒放在新年第一天来喝。

古人元旦喝柏酒,有先后之分,年龄最小者先喝,年长者最后喝,这一点,与屠苏酒的饮用规则相同。《四民月令》记载:"进酒次第,当从小起,以年少者起先。"宋人施枢《芸隐横舟稿·端平除夕》所言:"今夕桃符犹自写,明朝柏酒让谁先。"透露的就是这般习俗。明朝人王世贞年老时喝柏酒,曾写下"辛盘妇怯他乡味,柏酒儿惊最后杯"的诗句。诗见《弇州四部稿》卷四三《丙子元日试笔》。

有关柏酒的酿造,唐诗中已有吟咏。《王无功文集》卷三《春庄酒后》有云:"郊扉乘晓辟,山酝及年开。柏叶投新酿,松花泼旧醅。野妻临瓮倚,村竖捧瓶来。"其中一个"投"字,把工艺环节点示得很到位。《本草纲目》卷二

五记载椒柏酒的配制:"除夕以椒三七粒、东向侧柏叶七枝,浸酒一瓶饮。"这里采用的是最简单的浸泡法。

当然,最优质的柏酒还需要采用发酵工艺。《普济方》卷二六五曾总结"柏叶酒"的酿制方法:"柏叶三十斤,捣碎,以水一石,煮取汁五斗;黍米一石,净洗;细曲十斤。右以柏叶汁浸曲,发动即炊米熟,候冷拌匀入瓮,密封二七日,开压取酒,日三度,量力饮之,以差为度。"把柏树叶加工成汁液,然后与曲米同酿,效果当然好。

宋朝以前的柏酒,通常呈现碧绿色,宋人王迈《臞轩集》卷十二《书怀奉简黄成甫史君》诗云:"所亲有室庐,许我相假借。莲灯看烂红,柏酒浮重碧。"重碧,即深绿色。

柏酒在汉代已经流行,崔寔《四民月令》记载即是。延及南北朝时期,以节令为标识的配制酒深入千家万户,人们在元旦时常会选择柏酒和椒酒。《古诗纪》卷九十载梁朝庾肩吾《岁尽应令》诗:"岁序已云殚,春心不自安。聊开柏叶酒,试奠五辛盘。"《艺文类聚》卷七二载北周庾信《正旦蒙赵王赉酒》诗:"正旦辟恶酒,新年长命杯。柏叶随铭至,椒花逐颂来。流星向碗落,浮蚁对春开。成都已救火,蜀使何时回。"诗中所说的柏叶、椒花,均指配制酒。梁朝宗懔《荆楚岁时记》记载正月元日"长幼悉正衣冠,以次拜贺,进椒柏酒",体现的便是节令饮酒风俗。

到唐朝时,人们欢度除夕、元日,辞旧迎新,首选的仍是柏酒。打开唐诗的篇章,我们能够看到过年喝柏酒的许多画面。《孟浩然集》卷三《岁除夜会乐城张少府宅》这样描写:"续明催画烛,守岁接长筵。旧曲梅花唱,新正柏酒传。"《国秀集》卷下张子容《除夜乐城逢孟浩然》描写:"远客襄阳郡,来过海岸家。樽开柏叶酒,灯发九枝花。"《杜工部诗集》卷十八《元日示宗武》描写:"处处逢正月,迢迢滞远方。飘零还柏酒,衰病只藜床。"当时就连皇家朝廷,每值除夕之夜,也要饮用柏酒。《文苑英华》卷一六九杜审言《守岁侍宴应制》就说:"季冬除夜接新年……对局探钩柏酒传。"柏酒的饮用,为新年增添了节日气氛。

元朝人对柏酒最为钟情。陆文圭《墙东类稿》卷一《代上皇太子笺》

有"元旦之仪,柏酒遥斟"的说法。每逢年关,人们都会斟上一杯柏酒,庆祝时光更迭。黄庚《月屋漫稿·元日》诗云:"竹炉尚有残冬火,柏酒初斟新岁杯。"尹廷高《玉井樵唱》卷中《翁村度岁》诗云:"柏酒惜春浇别恨,梅花带雪过新年。"马臻《霞外诗集》卷八《除夜》诗云:"旧俗犹存柏叶酒,新词还听竹枝歌。"戴良《九灵山房集》卷三《郡斋度岁二首》诗云:"条风才应律,柏酒又浮杯。旧腊随宵尽,新年逐晓来。"如此讴唱,洋溢于有元一代。

元朝人曾经把柏酒的饮用风气拓展到整个春季,从孟春到季春,柏酒都在活跃。《元音遗响》卷五《隐居》这样吟唱:"农桑千里接,雨露四时调……梅花诗满壁,柏叶酒盈瓢。"释善住《谷响集》卷三《暮春杂兴十首》这样描写:"游子翩翩白纻新,花骢缓勒步香尘。绿窗书卷无心问,柏酒楼前醉好春。"谢应芳《归巢稿》卷三《次韵沈启之宴饮》也透露出柏酒的信息:"柏酒春三日,梅花信有风。赴君鸡黍约,醉我鹿皮翁。"

明朝时,柏酒仍在散发着浓厚的年节诱惑,明代出版的《月令》书籍,

酿酒现场

叙及过年饮酒,都会首推柏酒,如李一楫《月令采奇·正月令》就记载:"元日进树柏酒,称柏叶觞。"吕毖《明宫史》卷四记载正月饮食好尚:"饮椒柏酒,吃水点心。"这可是皇宫里的过年情结。孙继皋《宗伯集》卷十《寿李远沙八十》所言:"谁言除夕当明夕,柏酒春风岁岁传。"也在说明,一年又一年,柏酒始终流传。

遍及城乡各地,柏酒都属于节令标志。严嵩《钤山堂集》卷十《金陵岁夜》描写说:"旧都遗俗是升平,坐听盈门鼓吹声。柏酒竞传知腊味,土牛初献识春耕。"在河北,很多人都沉醉在柏酒的快感之间。谢榛《四溟集》卷六《元日武安野望有感》诗云:"愁经残猎风何凛,老得新年春却迟……今朝柏酒人多醉,竚立斜阳独赋诗。"在河南,饮者同样带有醉意。宋登春《宋布衣集》卷二《钧州除夕》诗云:"柏酒消寒色,灯花坐夜分。醉题招隐赋,懒草送穷文。"就是在边远的云南,人们仍然按照惯例饮用柏酒,如沐昂《素轩集》卷八《元日》有云:"今年元日好风光,驻节边城乐事长。角引梅花闻晓奏,杯传柏酒喜先尝。"就算是你的异乡旅途,也会因为柏酒的滋润而产生快乐。谢晋《兰庭集》卷下《除夕》诗表达说:"客邸逢除夕,惊看历又终。春回鸡唱里,寒尽漏声中……围炉倾柏酒,烧烛待东风。"众人诗作反映了明朝年节饮酒的强力风俗。

明朝的柏酒普及于家庭,无论门第高低,贫富差异,柏酒的辉泽总是那样可爱可亲。《宗子相集》卷十五载有一封信函,其中透露了"解戎衣,持柏酒,与徐夫人醉斋阁中"的故事情节。《海岱会集》卷十载冯裕《人日》诗云:"正月七日好天气,南山映日腾岚光。野客共传柏叶酒,丽人争学梅花妆。"说明民间人士都在喝柏酒。至于徐熥《幔亭集》卷十《己丑除夕志喜》所云:"柏酒山妻进,辛盘诸弟传。天伦有真乐,喜极不能眠。"更是阐发了家庭团圆的喜悦情怀。至于刘宗周《刘蕺山集》卷十七《癸未元旦》所言"椒盘柏酒初添胜,都付余生汗漫间",那就是人生情怀的感唱了。面对年节的柏酒,人们不但全家共享,还会各自品味。

清朝时期,人们还在过年喝柏酒。毛奇龄《西河集》卷一七四《除夕逢立春效景龙体》这样吟咏:"椒盘柏酒傍江开,彩仗青旗出郭来。玉历乍看今夕换,苍龙先遣来年回。"张英《文端集》卷十三《除夕河间道中次昭兹韵》还有"椒盘柏酒异乡同"的提示,说明很多地区保留着传统风俗。说道宫廷饮酒,每到过年,表达年节意蕴的还是首推柏酒,就连乾隆皇帝喝年酒也不例外,他在《御制诗四集》卷六五《元正太和殿赐宴纪事二律用旋转韵体》诗中即有"桃符换处宜春殿,柏酒擎来献寿觥"的诗句。身为宰相的陈廷敬也有讴歌,所著《午亭文编》卷十二《元日直阁中高阳公示和宝坻相公岁除诗次韵三首》云:"愁倾柏酒看儿女,独对椒盘忆友朋。"作为历史上流行时间最长的年酒,柏酒始终通过除夕元旦之间的全民饮用来体现它的社会价值。

四、年酒中的屠苏酒

在中国年酒当中,屠苏酒最为特殊,因为屠苏酒本身属于一种复合型药酒,但却不针对某种疾病,只是在过年的时候全家饮用,用于辟瘟疫、保平安,其含义突破了医疗的范畴。

屠苏酒很早就已经出现。晋葛洪所撰,梁陶弘景、金杨用道增补的《肘后备急方》卷八有这样一条记载:"小品正朝屠苏酒法,令人不病瘟疫。"由于《肘后备急方》历经后代多次修增,我们现在很难判断这条有关屠苏酒的说法是否是葛洪所撰的原文。宋代《淳熙三山志》卷四十则有这样的记载:"饮屠酥,除日以药剂入绛囊,置井中,元旦出之,渍酒,东向而饮,自幼至长以序,可避瘟疫。盖用华佗与魏武帝方也。"这段史料记载的屠苏酒饮用方式已经很完备,尤其值得注意的是,将屠苏酒的起源归之于魏武帝时代,应该是最早的屠苏酒起源之说。华佗把屠苏酒的配方呈献给曹操,曹操身为宰相,挟天子以令诸侯,也应该献给汉献帝。那么屠苏酒必然与九酝法同步,上呈到汉室宫廷。《古今图书集成·历象汇编·岁功典》卷二二引福建志书有同样的记载,也强调:"饮屠苏……盖用华佗与魏武帝方也。"可见"华佗与魏武帝方"的史料并不孤立。之前人们谈及年酒,都忽略了这一个重要信息。

有关屠苏酒的起源,还有其他记载。明人张岱《夜航船》卷一《考述》

说:"屠苏,庵名。汉时有人居草庵造酒,除夕以药裹浸酒中,辟除百病,故元日饮之。"这是汉代起源之说。李一楫编纂的《月令采奇·正月令》曾说:"《四海月令》云。晋海西令问董勋曰:'元日饮屠苏酒,先从少者饮起何也?'勋曰:'少者得岁。先以酒贺之。而老者失岁。饮宜在后。'"这是晋朝起源之说。这些论述都把屠苏酒的起源上溯到了汉晋时期,意在说明屠苏酒由来已久。《荆楚岁时记》正月条有"饮桃汤,进屠苏酒"的文字,《初学记》卷四有言:"今人又进屠苏酒、胶牙饧,造五辛盘。"引用的似乎也是前朝资料。以上列举的史料足以说明,古人除夕元旦饮用屠苏酒的习俗非常久远。

然而,屠苏酒真正缔结为节令风气,并普及于全国范围,还是从唐朝开始。庞元英《文昌杂录》卷三就曾指出:"唐岁时节物,元日则有屠苏酒、五辛盘、咬牙饧,人日则有煎饼。"清人梁章钜《归田琐记》卷一考证说:"盖孙思邈出庵中之药,与人作酒,因遂名为屠苏酒耳。"他把屠苏酒的成型流传归功于孙思邈。

唐朝的屠苏酒由七味中药配伍组成,这七味中药是大黄、白术、桔梗、蜀椒、桂心、乌头、菝葜。每逢除夕,各家各户都会依方配制,全家共同饮用,当时人们都认为,过年喝了这种屠苏酒,可以滋补身体,辟邪消灾。

孙思邈《千金要方》卷二九完整记载了屠苏酒的配方以及功效:

屠苏酒,辟疫气,令人不染温病及伤寒岁旦之方:

大黄十五铢,白术十八铢,桔梗、蜀椒各十五铢,桂心十八铢,乌头六两,菝葜十二铢。右七味,咬咀,绛袋盛,以十二月晦日中悬沉井中,令至泥。正月朔旦平晓,出药置酒中,煎数沸,於东向户中饮之。屠苏之饮,先从小起,多少自在。一人饮,一家无疫;一家饮,一里无疫。饮药酒得三朝,还滓置井中,能仍岁饮,可世无病。

可以看出,屠苏酒的饮用功效被高调扩大,以至于全社会都在响应,但这也说明,药酒的特殊作用引起了众人的关注。正是由于屠苏酒的流行,某些药酒冲出了医药的专属范围,扩散到了生活领域。

在辞旧迎新这一天喝屠苏酒,唐人有约定成俗的规矩,在座者要从最年少者开始喝,年长者排到最后,从少至老,依次饮酒,所以《全唐诗》卷二六七顾况《岁日作》有这样的吟咏:"不觉老将春共至,更悲携手几人全。还丹寂寞羞明镜,手把屠苏让少年。"顾况年龄大,所以要让年轻人先喝酒。同书卷五三一裴夷直《岁日先把屠苏酒戏唐仁烈》也有"自知年几偏应少,先把屠苏不让春"的感叹,这是因为裴夷直比唐仁烈年纪小,所以他要抢先喝酒。

唐朝饮酒,人们称最后饮酒者为"蓝尾",或写作"婪尾"。陶谷《清异录》卷上明确指出:"婪尾酒乃最后之杯。"过年饮屠苏酒,同样有蓝尾之说,《白氏长庆集》卷三六《喜入新年自咏》即有"老过占他蓝尾酒"的吟咏,同书卷二四《岁日家宴戏示弟侄等兼呈张侍御二十八丈殷判官二十三兄》亦有"岁盏后推蓝尾酒,春盘先劝胶牙饧"的讴歌,表示的都是年高者最后喝酒。

唐人元日写诗,总喜欢捕捉屠苏酒,通过屠苏酒的传觞来庆祝年关的到来。如《全唐诗》卷五一八雍陶《酬李绅岁除送酒》:"一夜四乘倾凿落,

庆祝新年

五更三点把屠苏。"同书卷七六十成彦雄《元日》："戴星先捧祝尧觞，镜里堪惊两鬓霜。好是灯前偷失笑，屠苏应不得先尝。"又《鲍溶诗集》卷三《范传真侍御累有寄因奉酬十首》："岁酒劝屠苏，楚声山鹧鸪。春风入君意，千日不须臾。"这些诗反映的都是除夕元旦之际把盏屠苏的情形。

把药酒当作节令酒而推向全社会的风气，应该说始自唐朝的屠苏酒，之前各节令流行的椒酒、柏酒、菖蒲酒、菊花酒，虽说也含有药材的成分，但人们的饮用意图主要在于给酒体增香，同时寄希望于滋补身体，而屠苏酒则完全是把一款药酒挪用到社会生活之中。

自唐之后，屠苏酒风靡了多个朝代，屠苏酒的配方也略有变化，有的配方增加防风，扩充为八味中药材。

宋人过年饮用屠苏酒的风气完全袭承唐代。葛立方《韵语阳秋》卷十九就说："岁时有被除不祥之具，而元日尤多，如桃版、苇索、磔鸡之类是也。饮屠苏酒，亦所以被瘟禳恶，而法必自防饮。"同时，宋朝人也扩大了对屠苏酒的认知，认为屠苏酒具有"御风寒"的功效。袁文《瓮牖閒评》卷六说："庞安常《伤寒论》云：屠苏，平屋也，可以御风寒。则岁首屠苏酒，亦取其御风寒而已。"张锐《鸡峰普济方》卷三指出，屠苏酒能够"辟疫气，令人不染温病及伤寒时疾"。就连陆游喝屠苏酒，也认为其具有"扶衰"的作用，《剑南诗稿》卷六一载其《乙丑元日》诗："好在屠苏酒，扶衰把一卮。家贫为寿略，历闰换年迟。"对于大多数人而言，还是把屠苏酒当作年节的民俗饮品，很少去关注酒中的药性。

宋代诗人歌咏年节风俗，屠苏酒都是其显著标志。如王安石《临川文集》卷二七《元日》诗云："爆竹声中一岁除，春风送暖入屠苏。"这是妇幼皆知的诗词名句。释文珦《潜山集》卷十《酬李竇房元日见寄韵》有云："正向山中闲卧雪，忽闻户外报迎春。且倾竹叶屠苏酒，休画桃符鬱垒神。"到了年关，人们会想尽办法找到屠苏酒。陈起《江湖后集》卷六《除夜求屠苏》有这样的描述："椒盘为计定春前，客里那知岁篇迁。行路问关穿履雪，薄官羞涩看囊钱。魄无黄帝屠苏酒，试谒渊明种秫田。"在宋人的新年气象中，屠苏酒总是那样耀眼夺目。

宋人饮屠苏酒的次序也与唐人完全一致。《清波杂志》卷一引郑望之《除夕》诗:"可是今年老也无,儿孙次第饮屠苏。一门骨肉知多少,日出高时到老夫。"描绘出全家人从少到老,依次饮用屠苏酒的年关风情。就连苏轼也曾以此感叹岁月,《东坡诗集注》卷二二《除夜野宿常州城外》这样讴咏:"但把穷愁博长健,不辞最后饮屠苏。"方岳《秋崖集》卷一《癸卯元日》更有"不知醉后屠苏酒,增一年欤减一年"的感慨之音。范成大《石湖集》卷十七《丙申元日安福寺礼塔》亦云:"新年后饮屠苏酒,故事先然窣堵香。石笋新街好行乐,与民同处且逢场。"当然,也有人会挑战这种固定风习,比如说胡仲弓《苇航漫游稿》卷四《元日》诗所言"湖海相逢无老少,莫分先后饮屠苏",似乎就不受按年龄先后饮酒的传统束缚。但总体来说,宋朝人过年喝屠苏酒的气氛还是蔚然欢快的。

元朝以后,屠苏酒的风俗依然存世,元人瞿祐《四时宜忌》有记载:"用大黄一钱,桔梗、胡椒各一钱五分,桂心一钱八分,乌头六分,白术一钱八分,茱萸一钱二分,防风一两,以绛囊盛之,悬井中,至元日寅时取起,以酒煎四五沸,饮二三杯,自幼小饮起。"除了对屠苏酒的配方略有增减,饮用模式仍然恪守旧俗。谢应芳《龟巢稿》卷十七《岁旦言怀》:"曾孙杯捧屠苏酒,家妇厨供粔籹盘。最喜催租人不到,田家鸡犬得平安。"表述的还是传统的年酒情结。军旅行伍之间,过年也要照喝屠苏酒,郭钰《静思集》卷七《戊戌元日》这样讴歌:"戎马七年犹带甲,客怀元日厌题诗。愁来刁斗声相续,老去屠苏酒到迟。"

有明一代,社会生活中依然可见屠苏酒的踪影。贝琼《清江诗集》卷七《巳酉元旦》云:"岁旦屠苏酒,还从稚子先。"说明饮用屠苏酒的风俗还保持着唐时风格。已酉年即洪武二年(1369)。张弼《东海文集》卷三《辛丑除夕》有云:"屠苏酒共同僚醉,郁垒符教属吏书。"当时张弼出任南安(今江西大余)知府,过年的时候,与同僚们一起喝屠苏酒。王鏊《震泽集》卷二《除夜三首》也有"独饮屠苏酒,临风一浩歌"的诗句,说明屠苏酒还是那样诱人。直到清朝,屠苏酒缓慢退场,但踪影依然可觅。清人吴敬梓《文木山房集》卷三《丙辰除夕述怀》有云:"寄居秦淮上,五载星霜易。令

节空坐愁,北风吹膔隙。……商陆火添红,屠苏酒浮碧。"诗家仍在吟唱,说明屠苏酒并没有远离人们的视线。

五、古井贡再度弘扬中国的年酒文化

中国酒发展到当代,已经是名牌众多,可谓极大丰盛。正是由于可选择的酒太多,专门用之于过年的酒则被忽略。怎样既能继承中国自古以来固有的年酒习俗,又能在当今推出适合时代需求的年酒,便成为古井贡酒关注的视点。自2021年开始,古井贡酒推出了文化含义极深的"年份原浆·年三十"酒,用传承历史、迎合时代的指向,瞄准了中国酿酒的文化要点,占据的正是当今中国年酒制高点。

古井贡酒具有推出中华年酒的实力。仅凭一个"古"字,古井贡酒就涵盖了强大的历史元素。古井、古曲、古醅、古窖、古法,这五大核心元素让古井美酒傲立于中华酒界,也让"年三十"酒散发出强大的文化底蕴。尤其是《淳熙三山志》卷四十记载的"盖用华佗与魏武帝方也"这段史料,更能强势证明,出自亳州的曹操,得到了华佗呈献的屠苏酒配方,而后让中国年酒中的屠苏酒占据了中国酒史的大半里程。有据可考的最早的中国年酒,那自然也非古井贡莫属。

古香幽雅、芳香馥郁、甘醇圆润、谐调丰满、绵净悠长,"年份原浆·年三十"开始释放美酒精华。优质体验的烤麦香口感,夹带古老风韵而又展示当代酿酒精华的"年份原浆·年三十"品牌,肯定会获得时代的共鸣。继承中华传统,迎接时代的呼唤,古井贡酒不断推出高端美酒,让年味更饱满,让过年更精彩。"每逢过大年,必喝'年三十'",将会是中华酒界的强势呼唤。

中国的年酒文化源远流长,内涵精深,无论在历史的哪一个时段,年三十都是喝酒的最幸福的时刻。尤其是全家共饮之时,佳节向往之际,年酒的市场开拓前景无限。我们深信,随着"年份原浆·年三十"酒的精彩推出,中国的年节符号会更加耀眼,历史深远的年酒文化必将会再度辉煌。

作者简介：

王赛时，中国酒史学家、山东社会科学院历史所研究员，著有《中国酒史》，长期从事中国饮食历史、中国海产历史、中国酿酒历史、中国餐饮文化、餐饮控制与管理的研究。

王诺然，中国酒史研究中心研究员。

曹操故里谈年说酒

胡阿祥

一

在曹操故里安徽亳州，古井集团举办中国白酒首届年文化论坛，约我参与，我感觉很亲近。如何亲近？我的学术领域之一是魏晋南北朝史，而这个时代的开启者，正是当时受封的魏王、后来追谥的魏武帝曹操。建安元年（196），曹操迎刘协（汉献帝）到许县（今许昌），刘协封曹操为武平侯，为司空，行车骑将军事，史学与文学的"魏晋南北朝"，即多从建安时代说起；我的生活嗜好中不乏"名酒异书"（此借用黄侃语），往昔宋人苏舜钦是"汉书下酒"，我则时常"魏书下酒"：吟《短歌行》之"对酒当歌，人生几何……周公吐哺，天下归心"，《对酒歌》之"太平时，吏不呼门。王者贤且

南京大学历史学院教授、六朝博物馆馆长胡阿祥视频致辞

明,宰相股肱皆忠良",胸怀大志的曹丞相如在眼前;读《奏上九酝酒法》之"臣县故令南阳郭芝,有九酝春酒法……臣得法,酿之常善,其上清滓亦可饮。若以九酝苦难饮,增为十酿,差甘易饮,不病。今谨上献",酒中大师的曹孟德值得致敬;品《世说新语·容止》之"魏武将见匈奴使,自以形陋,不足雄远国,使崔季珪代,帝自捉刀立床头。既毕,令间谍问曰:'魏王何如?'匈奴使答曰:'魏王雅望非常,然床头捉刀人,此乃英雄也。'魏武闻之,追杀此使",难以评说的"名士"曹阿瞒堪称鲜活……

这样的曹操,饮酒好酒,酿酒歌酒,当得起中国酒文化的一代翘楚,故被家乡亳州尊为酒神。然则亳州酒神曹操又非"横空出世""空穴来风",而是"承前启后""继往开来"。其承前继往者,如依据新石器时代考古所出酒具,早在五千多年前,亳州地区已经出现酿酒活动;又依据传世的上古典籍《尚书》、考古出土的甲金文字记载,早在三千多年前,亳州既是商人的重要活动地域,商人又以好酒乃至酗酒而闻名。其启后开来者,一部古井贡酒的历史即是精彩的聚焦:论其源远,公元196年曹操将家乡产的九酝春酒及酿造方法进献汉献帝,自此,该酒岁岁进贡,成为宫廷用酒;论其流长,2013年5月,古井贡酒酿造遗址包括北魏古井、宋代古井、明清窖池群、明清酿酒遗址四处,被列为第七批全国重点文物保护单位;论其品质,1963年、1979年、1984年、1989年,古井贡酒四次蝉联全国评酒会金奖,位列中国老八大名酒之列,拥有"酒中牡丹"的美誉;论其理念,"做真人,酿美酒,善其身,济天下"的使命追求,"古井自古有名,贡酒应贡人民"的"贡献文化",又可谓不同凡响的"顶天立地"……

二

本次论坛的主题之一是"年份原浆·年三十",盖"年份原浆·年三十酒"与年酒习俗、"事神致福"可谓交融密合。

在中华传统习俗中,从腊八到龙头的"过年",意味着自然循环的终始,冬藏春种的间隙,故为最大的节庆,其中又以除夕、元日、元宵为高潮。而在过年的喜庆中,酒是必不可少的。以言除夕,"馈岁"即腊月之末,乡亲邻里之间互赠酒食;"别岁"即除夕白天,亲戚朋友之间互邀饮酒;"守岁"即除夕之夜,全家老小欢聚畅饮。以言元日,即正月初一,闻鸡起身,穿戴整齐,以次拜贺,进椒柏酒以健身益寿,饮桃汤以辟邪驱鬼,喝屠苏酒以除瘟祛病;饮酒次序也不同于往常,先幼后长,盖幼者增加一岁,此为可贺之事,而长者失去一岁,自有惋惜之情。以言元宵,即正月十五,饮灯酒,祭祀灶神,贡献祠堂,家族围聚,开怀畅饮;对酒联,结伴而行,踏月观灯,品酒作对;年宵酒,宵者消也,"喝完年宵酒,各自奔前程"。然则诚人间之珍美、叙嘉宾之欢会的酒,作为节庆佳饮,在上述的年酒习俗中,可谓表达得淋漓尽致。

如果说年酒习俗充盈着"立地"的人间烟火味,那么以年酒祭祀的"事神致福",传承的就是"顶天"的信仰与敬畏了,而这联系着"年"的特殊含义。如在甲骨文中,年为禾谷成熟、人在负禾的象形字;东汉许慎《说文解字》:"年,谷熟也。从禾千声。《春秋传》曰'大有年'。"清段玉裁注:"《尔雅》曰:夏曰岁,商曰祀,周曰年,唐虞曰载。年者,取禾一孰也……宣十六年经文《穀梁传》曰:'五谷皆孰为有年,五谷皆大孰为大有年。'"即以"周曰年"论之,中国农业社会奠基于夏商周三代中的周朝,如周人的男性始祖弃为"后稷","后稷"意为农神;又"周"作为族名、国号,意为"田野、田间种禾养口",这体现了既浅显也深刻的"民以食为天"的理念。推而论之,中国农耕文明之尊重天时、敬畏土地、祈求丰收的君心、民意,由此奠基,而为了表达这样的君心与民意,遂以酒祭祀,以成大礼。《说文解字》:礼(禮),"所以事神致福也",神明虽不饮食,但是"芬芳香气,动于神明"(《尚书·君陈》孔安国传),而酒,集五谷之精华,得岁月之酝酿,自然生香,妙不可言,故能娱神赐福。

应该正是基于这样"顶天立地"的对话与理解,古井贡酒既延续了"年份原浆"的品牌传奇,又创新出"年三十"的盛世荣耀。"年三十"值得赞叹之处甚多。首先,取名巧思:"年"在亳州、在古井,是悠久的历史;"年三十"在中国、在现代,是一年中最重要的那餐年夜饭、团圆饭;"年三十"则契合了过大年、喝"年味儿酒"的全民氛围。其次,致敬传统:瓶身雕刻龙

纹,质感唯美;包装大红、金黄为主色,飞龙、祥云为衬饰,庄重高贵之间,尽显华夏文化的深厚底蕴、中原亳州的非凡气派。再次,追求创新:如香型的创新,即可以闻出粮食香味的烤麦香,并命名为自信、自豪的"古香型";又有理念的创新,即围绕着"古井贡酒,年的朋友"的核心理念,由"过大年,喝古井,看春晚"的现象级IP,进一步具象为"过大年,喝年三十"的年酒凤愿,从而完成了传统年节与现代乐享的榫卯连接。

三

传统年节离不开酒,"无酒不成宴";现代乐享离不开酒,杯中日月新。所以我常说,中华五千年文明史,自古到今,也是一部酒的发展史、酒的文化史。如酒可养老,《诗经·豳风》有"十月获稻,为此春酒,以介眉寿",《礼记·射义》有"酒者,所以养老也";如酒可治病,《汉书·食货志》有"酒,百药之长",《说文解字》有"醫,从殹从酉……醫之性然,得酒而使,故从酉",段玉裁注"从酉之故,以醫者多爱酒也";如酒可壮胆,俗语所谓"酒壮怂人胆""酒壮英雄胆""酒胆包天";如酒以解忧,曹操《短歌行》有"何以解忧?唯有杜康";如酒以令欢,《礼记·乐记》有"酒食者,所以令欢也",白居易《琵琶行》有"醉不成欢惨将别,别时茫茫江浸月";如酒以成礼,《世说新语·言语》有"钟毓兄弟小时,值父昼寝,因共偷服药酒。其父时觉,且托寐以观之。毓拜而后饮,会饮而不拜。既而问毓何以拜,毓曰:'酒以成礼,不敢不拜。'又问会何以不拜,会曰:'偷本非礼,所以不拜。'"

然则这样的酒,既是具象的器,也是抽象的道。酒中之道,在于"清醠之美,始于耒耜"(《淮南子·说林训》),"耒耜"讲究"春耕、夏耘、秋收、冬藏,四者不失时,故五谷不绝"(《荀子·王制》),"清醠"讲究"或秋藏冬发,或春酝夏成"(曹植《酒赋》);而置换成现代语境,一方水土养一方酒,水为酒之血,曲为酒之骨,粮为酒之肉,技为酒之魂,环境决定酒的风格,环境又包括了水质、土质、温度、湿度、作物、微生物、窖池、封藏、贮存、陈化等复杂因素,于是酒者,洵为尊重天时、敬畏土地、道法自然、天人共酿的结晶,这就诚如《说文解字》所谓"酒,就也,所以就人性之善恶。从水从酉",

也诚如段玉裁的《说文解字注》:"所以就人性之善恶,宾主百拜者,酒也,淫酗者,亦酒也。从水酉,以水泉于酉月为之。""酉月"指节气月,为八月白露到九月寒露,又《说文解字》:"酉,就也。八月黍成,可为酎酒。"

　　行文至此,我注意到在亳州古井酒神广场举行的"古井贡酒·年份原浆2022年秋季开酿大典"的日子,是农历的壬寅虎年八月二十四,正当白露与寒露之间,这就是中国酒业协会理事长宋书玉先生在开酿大典上的致辞:古井贡酒秋酿大典,是对"酒以成礼"的历史追溯,是对"古井贡酒酿造技艺"的现代弘扬,是对中华民族数千年智慧文明的虔心传承。在此,我也想表达这样的感慨与敬意:在中华传统文化中,酒既是物是味是形而下的器,酒更是魂是美是形而上的道;这样的"器"与"道",又在开宗立派的古香型高端白酒"年份原浆·年三十"中,得到了真实、鲜活、系统、全面的呈现,于是好饮的我们得以品"年酒"、悟"大道",品"年酒",酒不仅是生活的日常、身体的嗜好,悟"大道",酒也是精神的升华、文化的享受……

　　作者简介:胡阿祥,南京大学历史学院教授、六朝博物馆馆长。

意味深长的年三十

贡华南

过年饮酒是中国人最熟悉的现象。然而,这并非天造地设,亦非理所当然。过年饮酒现象的形成经历了漫长的历史积淀,支撑这一现象的是特定的哲学观念:跟随天地日月转换自身生命节奏等。历史积淀让饮酒与过年之间确立起内在的关联,成为"年味"的标志性要素。从概念自身看,"年三十"有意义,也充满意味。提起"年三十",欢乐、团圆、古今经历都会跟着涌现,饮者兴致会被激发。"年三十"真可谓意味深长!

一、过年为什么要喝酒?

过年饮酒包含着深沉的生存智慧。具体来说,过年饮酒既表达出对天地的感恩、祖先的怀念,也透露出依照天地节奏安排自身生活、生命的伟大智慧。

华东师范大学中国智慧研究院院长贡华南视频致辞

如何安排自己的生活、生命？当代人习惯自作主宰、自作主张,以"理性"作为谋划的指引与依据,以"理性"安排自己的生活与生命。但在古人心目中,个人的"理性"并不可靠,"天道"才有资格充当人们安排自身的根据。天地有节,万物有节,生于天地之间、万物之中的人亦有节。依天道而行落实处首先是依照"节气"而不断转换生命之节。

以日月星辰天地为"法"乃是中国文化共同尊奉的观念。比如,"月令"既体现了对自然的态度,也体现出我们对时间的态度与观念。每一月之令的"令"是指"法令"之令、"命令"之令,即我们人都是作为接受者在"受令"。给我们发布指令首先是"日"(太阳),所谓"孟春之月,日在营室,昏参中,旦尾中"。"日""月""星辰"的位置决定天地之气的运行特征,所谓"是月也,天气下降,地气上腾,天地和同,草木繁动"(孟春之月)。以阳气为主导,天地、阴阳之气的流动、转换决定人的作为,人因应而作为,所谓"王布农事,命田舍东郊,皆修封疆,审端径术,善相丘陵、阪险、原隰,土地所宜,五谷所殖,以教道民,必躬亲之"(孟春之月)。"时令"之"令"亦复如是,指的是"命令"之"令","四时"就是"命令"。按照"日令""月令""时令"之意,自然之时(间)空(间)成为人的尺度,成为引导、支配人的劳作休息者。随顺四时之令而作、而息,人的存在状况与精神开展都基于此才能得其正。

阳气为主导,阴阳之气涌摇而成节:一月有一月之气况,月与月气况不同而成就月与月的差异。一月之中,阴阳之气之流动、变换亦有节。以半月为单位即有二十四节气,以五日为单位,则有七十二候。气至物应,气候即"物候",万物感应气候,也在相互感应,相互应和。万物相互感应,形成一个变换不已的整体,这个整体既有地球的运行、月亮的环绕、阳光的照射,更有五星、二十八宿,乃至更遥远的星球的融会。以"阳(气)"为主导,即以"阳(气)"来主导人物之候。"时"即是阳气(日)主导下大地(土)上万物与人融会之兆象。人物随阳气变化而呈现不同候兆,阳气及跟随阳气而呈现的候兆共同构成了"时"。节气、气候展现的是沐浴在日光下万物共同的节奏,"日令""月令""时令"则要求把人放入这个有序流动的世界，并依日月之令而行。

天行有节，万物与人皆有节。节气之流动转换环环相扣，依次更替，依日月之令而行者既要持守一种节律，又要不断依流动着的节律而转换自身的节奏。节日之有与节日之必要在天道、人性中皆有根基，或可说节日乃是我们生命的内在环节。

中国传统节日让我们领会到的是节日中天道的消息，简单说就是，传统节日与人们对天道、人性的领悟，与对生命生活的领悟息息相关。节日和节气的内在一致使节日承担一个重要的使命，即生命节奏的转换，即放弃、告别一种生命节奏，投入节日，转换调适至另一个生命节奏，或者说，节日具有转换自身生活节奏的内在要求，此即以"节"为"令"之"节令"义：按照天地四时运行节律，也即生命自身节律展开自身。依令而行，生命得以展示其固有的节奏性，生命顺畅展开，同时得以展示生命律动之美。庆典"辞旧迎新"指向人之生命节奏的调整，以崇拜仪式论之似乎未能尽此意。

节气是气之节，自然之气有节，精神之气亦有节。节日便是不断流动着的气节之间递相转换之关节（日）。如蜡节："子贡观于腊。孔子曰：'赐也，乐乎？'对曰：'一国之人皆若狂，赐未知其为乐也。'孔子曰：'百日之蜡，一日之泽，非尔所知也。张而不弛，文、武弗能也。弛而不张，文武弗为也。一张一弛，文、武之道也。'"（《礼记·杂记下》）"蜡"即蜡祭，本是对八位农神的祭祀，孔子则将感恩祭祀转化落实为生命节奏的调适，即生命一张一弛转换之道。蜡节饮酒，举国若狂，这是生命节律（"弛"）的内在要求。对于生命节律的内在要求，人能做的尊重、疏导，而不是违逆、抗拒。

节日是天地人自身的节奏，首先是天地的"节气"，又是人自身的"节气"。庆典之为庆典最重要的是生命节奏的"转换"，而不仅仅是当下的体验。或可说，庆典是对过去的挽留、留恋，它不只是最后的体验，更是对新的生命节奏的期待。节日的核心是生命绵延展开于留恋与期待之际，生命日新又日新的祝贺。中国的节日与节气当然有差异，节气是中国物候变化、时令顺序的标志，而节日则包含有一定的风俗、纪念意义。节日与

47

节气之间密切的、内在的联系更能开启我们的思想，从表面看来，只有清明节与冬至既是节气又是节日，但显然，端午、重阳、春节等重要节日无不以阴阳之气的流动与转换作为节日的内在底蕴。

节日是节气转换的关节点，按照古老的智慧，人应当跟随节气转变，人的生活、生产节奏也要随天地日月的节奏转换。春节直接根据太阴历（月亮历，月亮圆缺规律），间接根据太阳历，体现跟随日月运行规律转换人生命节奏的古老智慧。

酒以甘、辛、热为其性味，其运行特点是上行、化解、突破界限。对人来说，饮酒调节血脉，变化气质，以使身心达到适度的平衡。朱肱在《北山酒经》中谈到："善乎，酒之移人也。惨舒阴阳，平治险阻。刚愎者熏然而慈仁，懦弱者感慨而激烈。"身体僵化，酒能使其舒展；阴阳不调，酒可以使其平衡。酒能增强人的胆气，使人能够克服险阻；也能调适人的性情，使刚愎的人慈和仁厚，使懦弱者奋发激昂。当然，饮酒通过热力融通血脉，有助于调节生命节奏，顺畅度过节气转换的关节点。节日饮酒正是基于中国传统道法自然的大智慧。

二、年与年味

在中国文化中，"味"是人、事、物的本质。如我们所知，古希腊是视觉中心的文化，希伯来是听觉中心的文化，中国则是味觉中心的文化。在视觉中心的文化中，"形式"是事物的本质。比如，在柏拉图哲学中，IDEA 是事物的本质。IDEA 的原义就是"形式"。在亚里士多德的"四因说"中，形式因是本质因。事物的气味被视作事物的偶然性特征。在听觉中心的文化中，"声音"被理解与规定为事物的本质。人们根据声音来命名，根据声音来认识事物、解释世界。在味觉中心的文化中，"味"被理解为事物的本质。人们根据"味"来辨别事物，依据"味"来理解世界。比如，中国人会根据"性味"来辨别中药，一种药就是一味药。中药铺里的柜子一格一格，每格都是一种一味。"味"是内在的实质，它没有形式，不可见但可感。有些药长得很像，从形状看难以分辨。但是老师傅闻一闻、尝一尝就能确定是

酿酒人的专注

什么药。

对于事物，"味"是其本质，对于人来说，其本质也是"味"。按照中国人的观念，人要有人"味"才称得上"人"。对于人味是什么，古来有争议。讲仁义、通情达理、够意思、凡事能想着别人等，拥有其中的任何一项都能可以说有人（情）味。我们也会说，为达目的不择手段、做事不给人留余地、欺凌弱小等做法没有人（情）味。没有人（情）味，达不到做人的底线，也就算不得人。同样，男人有男人味才算得上男人，女人有女人味才称得上女人。人们心中对"男人""女人"都有规范性尺度。比如，男人要阳刚，女人要温柔；男人要能干，女人要贤淑；男人要养家糊口，女人要持家有方；等等。够得上这些尺度，就有男人味、女人味，就能算真正的男人、真正的女人。这些"味"弥漫漂移，不好界定，普通人觉得不好说。但是人们可以通过交往感受得到这些"味"。凡是可以感受到的性质都不会神秘、高深，"味"对每个人开放，可以说平平常常。

在中国人的观念中，"味"也是年的本质。有年味才算过年，没年味感

觉就是没过年。对于没有"年"的概念的外国人,他难以想象何为年味。只有亲临其中,在中国过上几年,才会体会到年味。当然,中国地方大,各地有各地的风俗,过年的具体过法有差异。庙会、灯会不是每个地方都有,新礼俗会不断涌现,老传统也有的在遗失。

年味的缺失是当代中国人普遍的感受。近三十年来,中国人生活方式发生了翻天覆地的变化。原本持续两千多年的悠闲的生活方式让位于忙碌的快节奏。从手段到目的,从衣食住行、待人接物到思想历程,乃至魂牵梦萦,"忙"构成了一个人、一代人的存在方式与思想方式。问题是"忙"的问题,思想是"忙"的思想,"忙"推动我们去解决问题、积累知识、满足需求、创化文明,"忙"产生了我们的情绪、情感与精神,"忙"成为我们的一切,使我们成为我们自身。人忙万物忙,忙被给予,成为万物共同的存在方式。

举国欢庆,迎春送冬、祭天祭祖、家庭团圆……这些要素构成的整体性场域就是"年味"。饮酒则是这些要素形成整体的黏合剂:消除差异(饮者不分赚钱多少)、忘忧解愁(人人过得都不容易)、时空移易(喝几杯就开始想当年)、天人沟通(逝去者"如在"),最终实现人世和乐。过年饮酒而通神、通天、通祖、通人,并打开通往来年的希望之门。

家家饮酒,天人和乐,融通一体,这是中国人心目中的年和年味。

三、意味深长的"年三十"

汉语字词既含有意义,也含有意味。"意义"即字词所表达的义理系统;"意味"则指此字词对人的影响与作用。意义以逻辑自洽为准绳,以准确、清晰、明白等确定性为宗旨;意味则需要回到每个存在者自身,以打动人为好。有意义无意味,则字词成为纯粹的逻辑游戏;有意味无意义,则字词沦为抒情语。理想的字词既要有意义,也要有意味。比如,"江南",其意义指长江以南地区,其意味则与杏花春雨、画船幽巷、莺飞燕舞相关;"黄河"的意味指向雄浑、古远的中华文明的根源;"故乡"的意义定位在某个时空点,其意味则是各种魂牵梦萦、挥之不去的原初滋味等。

要让人了解字词的意义与意味,首先需要创作者赋予字词以意义与意味。所谓"赋予字词以意义与意味"指存在者根据真实的生活世界而拓展哲学字词之意义域,根据其对生活世界的真实感受而生成新的意味。因此意义与意味并不一定需要创作者从无到有地创造。在某种境域下,涤除眼前之成见,在一定程度上恢复其历史面貌亦可实现。对于汉语词语系统来说,经过数千年的推敲与辨析,尤其是被不断编织进不同的思想系统,而使其中蕴含的意义错根盘节,也使其中蕴藏的意味悠远深长。时殊世异,汉语旧貌换了新颜,却一如既往地充当着当代生活世界的基石。

意义的实现不仅表现为人的理智之贯通,更重要展现为理智所映照之天地万物之间之畅通,也就是天地人物各自得以完整地成就,彼此和谐共生;意味的完成不是表现为人的意志、目的、欲望的满足,而是展现为万物自然完成,各得其味。在此意义上,意义的实现与意味的充盈同时要求着人对忙的精神超越。

就意义来说,"年三十"指腊月三十。其意味指人们听到"年三十"所产生的情感反应,比如,中国人提及"年三十"会想起家人团聚、亲朋共饮、压岁钱、热闹的鞭炮、充足的美食……这些意象在童年时印入脑海,成为"年三十"的标志。长大后,这些意象也似乎就成为"年三十"自身的味道。每当人们提及"年三十",这些沉淀在记忆深处的味道便会陆续散发出来,亲切而又迷人。

"年三十"抓住了过年的主题、主旨,以及中国人沉淀几千年的"兴味"。未饮先醉于其中,饮则不断泛起古远的情怀,沉淀在其中的个人、家国等悠远的过去都会在杯酒中到来。饮者品味、回味曾经的年味,以及逐渐远去的传统生活方式。百味氤氲,过去的不曾过去,未来的何曾到来!

在哲学意义上,"年三十"意味深长!

作者简介:贡华南,华东师范大学哲学系硕士、博士,现任教于华东师范大学哲学系,华东师范大学中国现代思想文化研究所研究员、中国智慧研究院院长。

古香型工艺诞生记

何宏魁

2022年9月18日,中国白酒首届年文化论坛在亳州宾馆盛大启幕。古香型烤麦香"年份原浆·年三十",这一瓶带有鲜明年文化符号的超高端产品,凭借自身独特的品类香型、文化意识和民族特色,不仅会成为中国非物质文化遗产年的活态载体,而且让中国传统文化扎根于消费者之间,更真实、鲜活、系统地呈现出来。

在中华文化体系中,年是中华民俗最醒目的文化符号,也是中国影响最深远的非物质文化遗产。同时,年也凝聚了中华民族生活最美好的想

安徽瑞思威尔科技有限公司总经理何宏魁
分享古香型白酒酿酒工艺研究成果

象力,是中国人美好生活的核心象征。而酒,是这一切美好的见证。"年份原浆·年三十",一款以年文化为主题的琼浆玉液,在产品、品质、文化上更懂中国美!

一、研究背景及目的

近几年来,随着人们生活水平的提高,对生活质量的要求也越来越高,消费者对于白酒质的需求已高于量的需求,更多的消费者追求产品的个性化、差异化、高端化。调研发现市场长期不缺酒,只缺好酒。

根据《2021年白酒行业数字营销洞察白皮书》统计,44%的消费者饮用的白酒档次有所提升,尤其是中高端消费者提升最快,其中超高端消费者上升了66%;次高端消费者上升了49%。说明消费者对于"喝好酒"的需求与日俱增。

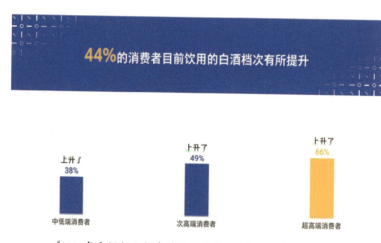

《2021年白酒行业数字营销洞察白皮书》统计数据–摘选

在中国,年作为传统大节,承载着中国酒文化的发展。而中国酒文化的核心便是尊敬,以"尊敬而生"为品牌诉求,用尊敬的方式,酿造一瓶满载尊敬的美酒,表达中国人更高的敬意。基于古井贡酒对传统文化的传承与创新。"年份原浆·年三十"产品以古香型(烤麦香)酿酒工艺酿造,传承年文化,创新酿酒工艺,担起名酒责任,推动中国白酒酿造技艺和品质与时俱进。

作为中国老八大名酒之一的古井贡酒,传承中国白酒文化和酿酒工艺精髓,创新打造一类高品质白酒,以健康舒适的美酒体验,不断满足消费者对美好生活的诉求。

二、研究历程

秉着"向生产要质量,向质量要口感,向口感要风格,向风格要不同"的生产理念,以古井浓香型白酒工艺为基础,探索研究各种酿酒工艺精髓。

如何向风格要不同? 这是一个深层的课题,白酒发展到今天,都在互相学习,从粮食种类、制曲到酿酒、勾调等,这也导致了风格同质化严重,缺乏明显的特色。我们古井贡酒酿造工艺,传承九酝酒法、老五甑工艺,在此基础上结合我们独特的微生态环境进行优化创新,造就了我们年份原浆独特的风格体系。

那么在此基础上如何再优化提升? 如何再拉开风格的差异化? 十年前,古井科研团队已开始进行酿酒工艺创新,首先研究不同酿酒工艺的特点;其次,再进行差异化创新。白酒作为古井集团的主业,董事长非常重视酿酒新工艺项目及研究进展,亲自品评酒样、听取项目进展,为酿酒新工艺的研究指引方向。

我们酿酒工艺研究团队从2010年开始以古井浓香型工艺为基础进行研究,依次进行了酱香型、清香型、复合香型等酿酒工艺研究,期间也进行了工艺创新研究,比如古香Z酒、清柔香型等,最终我们创新研究出高品质、风格差异明显的古香型白酒及其酿酒工艺。

古香型酿酒工艺就是传承创新于酿酒古法精髓,以古井之水,配以古曲,制成古醅,发酵于古窖之中,才酿出具有烤麦香独特风格的古香型白酒。

三、酿酒工艺介绍

"年份原浆·年三十"不仅是年文化的传承,而且以新的香型彰显与众不同的价值,采用古井所独有的、无法复制的豪华酿造阵容,创新形成的古香型(烤麦香)白酒酿造工艺。复杂的古香型白酒酿造工艺有别于传统酿造工艺,采用了"五古四曲三醅",U形窖外发酵工艺,泥、石二窖结合多轮发酵、三级制醅、三醅升香的酿造工艺以及无极酒窖窖藏。

(一)古井

传承千年并被评为国保的"魏井"和"宋井",其水质甘洌,pH值呈弱碱性,含有二十多种微量元素,属优质矿泉水,是"古井出好水、好水酿好酒"的实证。

国保级"魏井"和"宋井"

(二)古曲

精选亳州地产优质小麦,融合传统制曲工艺精髓,富集特有的古井千年曲根微生物菌群,制成独特的酿酒曲,称为"古曲"。这也是产生烤麦香的重要来源。

(三)古窖

古井保留完善且一直沿用的酿造遗址

富集微生物菌群曲房

公园内最核心区域、最古老的那一小部分窖池有五百多年的历史。池内被称为"软黄金"的老窖泥,富含六百多种有益微生物菌群。

酿酒遗址公园最核心区域的窖池群

(四)古法、古醅、四曲、三醅(甘醅、香醅、酥醅)

传承酿酒古法,集白酒发酵工艺之长,创新制醅工艺,以五粮为基础,加入古曲后精心制得甘醅、香醅、酥醅这三醅再按特定比例混合之后制成古醅。

所谓的四曲是指四次择时加曲而不是四种曲,在制备甘醅、香醅、酥醅时各加一次古曲,这三种酒醅按特定比例再加一次古曲,共计四次加曲。

传统酿酒操作

(五)独特U形窖外发酵工艺

酥醅在下面呈U形堆积发酵,香醅在U形醅子内堆积升温提香,有助于古香曲发挥最大的作用,使酥醅粮香怡人、香糯酥滑,香醅诸香优雅丰满。

这个"U形"并不是堆积外形的变化,而是内在的创新。我们研究团队针对堆积发酵机理反复推敲、论证,通过学习、调研,再实验验证,经过不断的反复实验、研究,最终创新研究出了U形堆积发酵工艺,其利用不同微生物生长繁殖特点,采用上下分层发酵方式,各取所需,使堆积效果达到理想状态。

U形窖外发酵工艺图

(六)泥、石二窖多轮发酵

传承中国酒文化,采用酿造遗址公园核心古窖池群,创新结合石窖,遵循自然发酵,使得香气更加丰富而有层次。利用石窖发酵制得甘醇、U

泥、石二窖结合发酵

形窖外堆积发酵制得香醅和酥醅，"三醅"按照特定比例加入古香曲混匀入泥窖发酵。通过石、泥二窖结合、多轮制醅、多轮发酵赋予酒醅不同的风格，最终使酿造产生的酒体香气更加丰富而具有层次感。

（七）无极酒窖窖藏

古香型白酒要全部储存于古井的无极酒窖，而且是酒窖中较为核心、优势的区域，这里温度、湿度较为稳定，环境较好，对于酒体的二次发酵、老熟效果明显，能够加速酒体的成熟，以及呈香呈味物质的转化。

无极酒窖窖藏

四、酒体风格

艺术化的酿造，成就了艺术化的风味。人们常说交响乐是音乐艺术的至高级，更具复杂和层次、更富情感和情景，而通过高配的演奏乐器，让交响乐达到音乐艺术的巅峰。"年份原浆·年三十"同样如此，通过高配的酿造条件，配合艺术级的酿造工艺，让古香型（烤麦香）白酒的酒体风味，宛如形成"风味交响乐"。发酵成熟的酒醅经择层取醅、固态蒸馏、择时摘酒、分类分级储存,"双重窖藏"陈酿,才形成古香型白酒独特的烤麦香风格。

人类自用火以来,对于炙烤风味都有着特殊偏好,人们常称之为人类味基因。古井贡酒·烤麦香,在研发理念上,也蕴含了上述"味基因"的原理,一方面,延续人们对烤的风味偏好;另一方面,将人类味基因延伸到中国白酒。通过传承创新,古井的"烤麦香"的神奇之处在于,酿造过程中并非添加烘烤以后的麦子,却赋予了酒体烤麦香的风格,这也得益于古井特殊的酿酒微生物和酿酒工艺。

基于此古井率先开创了一个以粮香为香味——烤麦香为表达方式的古香型白酒——年份原浆·年三十,跨出了中国白酒香型表达方式的一大步!定位了古井的高端市场。

五、专家论证

2020年9月20日,中国白酒健康研究院组织专家召开了古香型白酒论证会,论证委员会以孙宝国院士为组长的专家组听取了古香型工艺研究汇报,并现场品鉴了样品,经质询讨论,得到了与会专家一致认可,并给出整体评价:

古香型白酒论证会

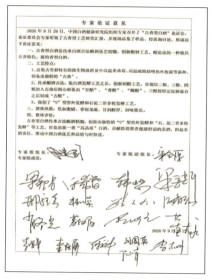

专家论证意见

古香型白酒传承古法酿酒精髓,创新出独特的U形窖外发酵和"石、泥二窖多轮发酵"等工艺,打造出新一类高品质白酒,贡献给消费者健康舒适的美酒,担起名酒责任,推动中国白酒技艺和品质与时俱进。

六、生产情况

古香型白酒的生产在古井酿造遗址公园厂区内,采用了古井现有的顶级酿造设备和技术,比如,酿造遗址公园内老窖池的使用、古香型酒曲的使用等,从生产原粮、水质、工人操作等每一个环节都要求得非常严格,格外注重酿造过程控制,才孕育出每一滴古香型(烤麦香)原酒。而且经过分级储存,能用于古香型成品酒的酒体仅有不到三分之二,每年只有几百吨的产量。因此,独特、复杂的工艺、稀缺的窖池、稀缺的产量,也决定了年份原浆·年三十的稀缺。

作者简介:何宏魁,安徽瑞思威尔科技有限公司总经理。

二 专家谈酒论年

　　谈及年文化,总有说不完故事,道不尽的风情。每个人心中的年都不尽相同,但终归是各种各样美好的意象,尤其是对于历经岁月沉淀、见证年的变迁的老一代人来说,好吃的、好玩的过年才有一次,好酒也要留到年三十晚上拿出来品尝。围绕年与酒的话题,文史哲等各个学科专家分别从各自的角度审视和剖析"年文化"与酒的密切联系,高谈阔论,把酒言欢。

千年古井酒,欢伯"年三十"

胡发贵

在中国著名白酒中,古井贡酒有着显赫而特别的"皇家身世"。史称曹操曾将"九酝春酒"制酒秘方上呈汉献帝,[①]开启并酿就了古井贡酒的悠久岁月,距今已有一千八百余年了。在中华民族创造千年伟业、奏响百年华章的新时代,千年古井又倾情推出佳酿"年份原浆·年三十",给正奋力推进"中国梦"的国人一大惊喜,给正注目并惊叹华夏崛起的世界,又展示出一种特别的中国味道、中国风格。

一

在中国文化中,酒既是通神之妙剂,又为睦群润伦之合欢水。它融洽

公兴槽坊复原模型

---

① 曹操:《奏上九酝酒法奏》,《曹操集译注》,中华书局,1979年,第189页。另见《文选·南都赋》注引《魏武集》。

了乡里人情,温暖了苍凉人生,激励了悲歌慷慨,故古人敬称之为欢伯。汉代焦延寿有"酒为欢伯,除忧来乐"(《易林·坎之兑》)之说,后世遂以象征快乐喜庆化身的欢伯指称酒,遂成一独特而别致的雅号。如宋代杨万里有"贫难聘欢伯,病敢跨连钱"(《和仲良春晚即事》之四)之叹咏,金代元好问则有"三人成邂逅,又复得欢伯。欢伯属我歌,蟾兔为动色"(《留月轩》)之喜喻。

酒已动欢,而"年三十"之名号,更牵动华夏儿女独有的文化神经,拨动其传之久远的家国情弦。有着伟大历史文明的中华民族,创造了灿烂的古代文化,这一文化绵延至今,形成了世界文明史上独一无二的华夏文明。受此文明漫长浸润的中国人,更是极为看重一年之成的岁终之日,即"年三十"。这一天在中国人心目中远不仅是一个时间的节点和标志,更是全民族的一个温馨隆重的盛日——春节。

春节之所以成为中华民族的集体大记忆和共同欢庆的日子,与"年"以及以由"年"而成就的"年三十"密切相关。从传世文献来看,在中国历史文化中,"年"有着丰富的含义。年的最为基本和主要的指示,是日月的特定积累,古人以年指地球绕太阳一周的时间,平年三百六十五日,闰年三百六十六日。如《尚书·尧典》里就有:"期,三百有六旬有六日,以闰月定四时,成岁。"上古时候,年又有着不同的称谓,《尔雅·释天》有言:"夏曰岁,商曰祀,周曰年,唐虞曰载。"即岁终一年的称呼,夏朝为岁,商代为祀,周日代为年,尧舜时为载。其含义晋代郭璞注解说:"取四时一终,取禾一熟,取物终更始。"

显然,"年"(包括岁、祀、载)是积累而成的,而这种积累是有规律的(地球绕太阳一周,且周而复始),年包括了成百的日子,跨越了不同的时节,如春夏秋冬,更融摄、展现了万物的变化,尤其是庄稼的成熟(取禾一熟)。甲骨文中就已出现了"年"字,其字形像禾,上部是一束穗子向下垂,下部是一个人的形,弯着腰,手臂向下伸,上、下合起来看,像人负禾,表意为收获、丰收。《说文解字》就是这样定义年的:"年,谷熟也。"这一内含,在先秦文献中比比皆是,如《谷梁传·宣公十六年》:"五谷皆熟为有年,五谷大熟为大有年",又如《左传·昭公三十二年》:"闵闵焉如农夫之望岁,惧以待时",再如《战国策·魏策三》:"燕王曰:吾岁不熟二年矣。"由于农耕时代,五谷均经历春种、夏长、秋收、冬藏的不同时段,一年的岁末,往往是收获的季节,故"年"(岁),既意味一定的岁月,又象征着收成,凝聚着种田人的长久而热切的期待与希望,即"闵闵焉如农夫之望岁";这种望岁的背后,其实是对免于饥饿的渴望,是对幸福生活的期盼。农耕时代,五谷是最为基本和主要的生存资源,是生活的根本支撑,民不可一日不食,故而"年"的意义不仅是时间上的,更深蕴着生存的希望和美好生活的盼头。

二

而"年三十",则是这一切的最为浓情的表达,虽然它是那么日常和素朴,却是中华民族在历史中形成的最为隆重的大节。

在历史的形态上,"年三十"是指农历年的最后一天。所谓农历是指西汉时落下闳、邓平等人制订的《太初历》,修订并改变了过去以十月为岁首的纪年历法,而以孟春正月为岁首。后世不断完善,形成中国特有的农历历法(即阴历),并一直沿用到清朝末年,历时两千余年。由于农历十二月多为大月,有三十天,故这一年的最末一天常称为年三十,或大年三十。年三十的晚上,它与春节(正月初一)首尾相连,它被称为除夕(又叫作除夜、岁除),意思是物换星移,月穷岁尽,新的一年即将到来。"除夕"两字中的"夕",指夜晚,引申为过去、陈旧;而"除"字,有去、变易以及交替的意思。除夕,时间上特指年三十的晚上,而字面意义以外,还有辞旧迎新,与时俱进,庆贺新年之意。因为农历以孟春为岁首,所以年三十后即进入新春了,于是对岁末的依依不舍和对岁首的欣欣向往,在中国风俗文化中,就合成了最为著名的年节——春节。

从历史文献来看,古代很早就有了过年的习俗。如《吕氏春秋·季冬记》里就记载,上古尧舜时代就有过年扫尘的风俗,按民间的说法,因"尘"与"陈"谐音,新春扫尘意在除陈布新,并将晦气、不祥扫出门;与此相关,古人还在新年的前一天用击鼓的方法来驱逐"疫疬之鬼",有所谓"傩"的

仪式,以祈求新年的安康顺遂。西晋周处撰著的《风土记》里,最早出现了"除夕"一词。

据周处《风土记》记载,年三十这一天,人们相互赠送礼物,称为馈岁;又酒食相邀,称为别岁;长幼聚饮,称为分岁;终夜不眠,以待天明,称守岁。历史演变中,过年时,家家户户贴对联(年红),除夕夜家人共饮欢庆,一般有葡萄酒、兰尾酒、宜春酒、屠苏酒等。初一早晨,则放爆竹迎新年,继而相互走动拜年,以庆新禧。宋代王安石《元日》诗,生动描写了这一情景:"爆竹声中一岁除,春风送暖入屠苏。千门万户曈曈日,总把新桃换旧符。"

1911年辛亥革命以后,采用公历(阳历)计年,每年的1月1日为元旦,而农历正月初一为春节。2006年5月20日,经国务院批准,"春节"被列入第一批国家级非物质文化遗产代表性项目名录。到2007年12月7日,国务院第198次常务会议决定,将春节列为国家法定节假日。现在世界上一些国家和地区,也将我国的春节列为法定的节日。古老的春节,既是历史的旧俗,也是亿万人民生活中的盛日,更是中华民族独特而深远的文化记忆,可以说,"年三十"已化为中国人灵魂中的精神符号,是全球华人共享的信仰标识。

三

年酒以"年三十"命名,必然会拨动中国人最为敏感的文化神经,也不能不唤起历史深处的悠远记忆,而且自然会触动至为温馨的人伦亲情;加之酒本身的欢悦性,再叠加以喜庆的"年三十",势必喜上加喜,乐上添乐,所谓锦上添花,美中更美。

前面言及,在中国文化中,酒为欢乐天使,是为欢伯,诚如庄子所言:"饮酒以乐为主"(《庄子·渔父》)。饮酒所以能乐,因为酒为合欢之水。古代中国,早有"以酒合欢"(朱肱:《北山酒经》)之说,酒是人际亲和与认同的生活纽带,酒为交欢之媒介。孟子有"亲亲、仁民、爱物"的仁爱有差等新解。如从历史的纵向角度看,此三层面也可谓映现了人类认同标准的

酿酒工序——上甑

酿酒所用之高粱

演替。在最初的血缘社会,奉行血缘价值,以血缘关系判断亲疏远近的标准,"异姓则异德,异德则异类……同姓则同德,同德则同心,同心则同志"(《国语·晋语五》),继此而起的地缘社会中,血缘固然仍是基本的社会价值,但由于多氏族的杂居,超血缘的地缘价值,成为社会的认同的新准则,其邻里精神即如孟子所揭示:"乡田同井,出入相友,守望相助,疾病相扶持。"(《孟子·滕文公上》)在其后的超地域的政治国家里,"普天之下,莫非王土,率土之滨,莫非王臣"(《诗经·小雅·谷风之什·北山》),不偏不倚的"王道"成为社会的新本质,泛爱众的仁者爱人,则是四海皆兄弟的根本价值纽带,此即"仁民"。

从宏观而论,社会认同自有其时代标准;而从微观的层面看,人与人相与,也自有其相互感应的共鸣点,"同声相应,同气相求。水流湿,火就

燥,云从龙,风从虎"(《易经·乾》),文中"同声""同气",意指有同样的趣味与爱好,则会"相应"与"相求"。诚如陶渊明在《答庞参军》中所揭示的:"不有同好,云胡以亲! 我求良友,实觏怀人。"

在日常生活中,酒可谓是最为寻常、大众的同好,此物最易爱,生活离不开,堪称世俗世界里"爱物"的一般等价物;换言之,酒是上佳的同好媒介。其原因,一在于酒往往采取社会化的消费方式,即对饮或群饮。生活中固然不乏李白"花间一壶酒,独酌无相亲",但即使如此,他还是"举杯邀明月,对影成三人",视共饮为佳境;而诗史中更为常见的是同饮共乐:"我有旨酒,与汝乐之""送尔于路,衔觞无欣"(陶渊明:《答庞参军》);"两人对酌山花开,一杯一杯复一杯。我醉欲眠卿且去,明朝有意抱琴来"(李白:《山中与幽人对酌》);"劝君更尽一杯酒,西出阳关无故人"(王维:《送元二使安西》);"风吹柳花满店香,吴姬压酒劝客尝。金陵子弟来相送,欲行不行各尽觞。请君试问东流水,别意与之谁短长"(李白:《金陵酒肆留别》)。古人如此,近人弘一法师李叔同之《送别》,依然道出对饮之意:"长亭外,古道边,芳草碧连天。晚风拂柳笛声残,夕阳山外山。天之涯,地之角,知交半零落。一瓢浊酒尽余欢,今宵别离多。"总之,酒可谓天生就赋有公共性。其实《尚书》中早就有禁"崇饮""群饮"的字眼,可见,酒来到这个世界,就是人际相濡以沫之水,是天赐的"合欢水"。千年古井酒,酒中名品,无疑也是人间的"合欢之水",而"年份原浆·年三十"不仅神契了这种欢乐性,而且将这种欢乐以一种历史性庄重和人伦性亲和推到极致,达到了酒的乐和神髓,即"欢伯"之妙境。

在中国的文化语境中,"年三十"水乳交融般切合了中国人的文化心理和审美体验。前面说过,"年"有其特定的纪时与农耕丰收蕴意,一年成轮而增岁,意味着生命的成长,同时也伴随了生命的意义的丰满与升华。子曰:"吾十有五而志于学,三十而立,四十而不惑,五十而知天命,六十而耳顺,七十而从心所欲,不逾矩"(《论语·为政》),孔子这段话就生动显现了年岁增长及其带来的生命意义的开显。而"有年",则意味着五谷丰登,而丰收预示着生活有保障,国泰民安,于是有了可靠的物质基础。农耕文明赋予了"有年"极为深厚的祥和、喜庆、美好与幸福之意。当然,这一美好与幸福的最为典型和集中的表达就是"年三十",它凝聚也浓缩了农耕文明仰观俯察的智慧、耕作的辛劳、灾害的磨难、收获的喜悦,以及旧去新来的期盼。所有这一切,均在这一天汇融传摄,成为天人合一的伟大纪念日,更成为仁由己、自求多福的欢乐日,它润物无声,已渗入华夏民族最为隐秘的文化与心理基因。每逢岁末的这一天,都是中国人文化性格的绽放时刻,也是中国人感觉最为美好的时光。

"年三十"还表达了对团圆的期待与和睦的其乐融融,抒发了中国人特有的人伦亲情。在纪时的意义上,年三十是一年的终点,当然也是一年的圆成。这种自然的圆满性,往往映射出人们对生活如意的想象与期待,对家人安然无恙、相聚在一起的亲情渴望。传统中国是宗法社会,是一家一户的小农生产,家是国家的基础,也是社会文明的根基与出发点,所以"亲亲、仁民、爱物"是古代社会最为普遍而根本的价值理念。而所谓"亲亲",正强调的是以亲子关系为核心的血缘伦理,它的现实表现正是家。家是血缘的共同体,是经济的共同体,也是精神的共同体,天然的同气一体的血缘关系,共灶吃饭、休戚与共的紧密经济关系,以及孝亲尊老爱幼、同恶同好的家风门风,使家成为中国人最为念兹在兹的生命家园。家人的相守,家的美满,堪称中国人的至愿。而年三十,则是这一愿景的实现,或者说是,年三十是以一个特定的时刻具象化了中国文化所崇尚的亲亲至美与至乐。直到今天,亿万游子、打工人,不论是在天涯海角,岁末都要奔向心中向往之家去"过年"。对家的憧憬、对团圆的向往、对亲人的思念,使"年三十"成为打开华夏儿女情感之锁的美妙神钥。

"年三十"还含蕴着光荣与梦想的奋斗。年是自然之天(地球绕太阳一周),历时三百六十五天的阴晴圆缺、风霜雨雪,春夏秋冬顺序轮替,成熟了五谷,带来了丰收,自然之天的始而复周,使人类的生活世界实现了春种夏长、秋收冬藏的富足,因而,年三十也象征了人文世界的一种完满无缺。当然,这种完满是胼手胝足、精耕细作的结果。它一方面揭示出农耕文明"天人合一"、遵时顺历的谦虚,也展现出"天人交相胜"的人类的创

造性与主动性,印证了一分汗水、一分收获的勤劳公理,更凸显了"天行健,君子自强不息"奋斗精神的永恒。在此意义上,"年三十"沉淀了过往,含摄了奋斗,更洋溢着光荣与梦想。

赋酒名以"年三十",使千年古井贡,在历史的沉郁和浓香中,豁然闪耀出强烈人文味的"欢伯"之乐!酒本为合欢之水,是酒性所在,也是人性所期。固然,现实中并非人人乐饮,但"年三十"则人人必过,这种必然性,决定了"年三十"的普适性,所谓地不分南北,人不分男女,有家必有年,有年则何能缺乎"年三十"。

祈愿国泰民安,岁岁欢伯年三十。

作者简介:胡发贵,现为江苏省社会科学院哲学与文化所研究员、江苏省人民政府参事。

发挥元宇宙技术，促进酒文化建设

李　玉

依托于高新科技发展而诞生的元宇宙技术与文化，在众多学科领域引起广泛关注。元宇宙被称作"虚拟平行现实"，即在强大信息传输条件支撑下，利用互联网、人工智能等手段，建构一个非实体存在的时空场域。这种综合技术可以进行时间与空间的大规模叠加，极大地扩充人类自我的多维度感知范围，从而实现全新的信息接收与认知体验，即可以由过去的"场外"或"域外"观看，变为具有相当程度的"在场"或"参与"，使认知的立体性、多维性与动态性大为增强。有学者将其认定为人类生存的一种征候，认为："元宇宙不再是简单的媒介，也不仅仅是平台，元宇宙本身就

古井酒神广场

是世界,一个被构造出来的世界。"①说元宇宙是一个虚拟世界,其实并不准确;但元宇宙肯定不是一个真实的世界,于是就有了元宇宙属于虚拟真实,或平行真实的观点。有人总结,在关键技术层面,元宇宙汇聚了"复刻现实、增强现实和超脱现实三种技术发展路径"②。而且重要的是,这种虚拟真实或平行真实,或者对于现实的"复刻""增强"与"超脱",都将对现实社会产生越来越强烈的影响。正如有学者指出,元宇宙"关联、干预、改造甚至操控着我们生存的原初现实世界"③;易言之,元宇宙"打开了一个超现实、超历史的可能性时空,其参与度、交互性、开放性以及激发出的人的创造性是原初现实世界所不可同日而语的"④。也正是因为如此,有学者担心:"元宇宙在阶段式发展过程中,可能产生诸多政治社会风险。"⑤

可以说,目前学术界关于元宇宙的讨论相当热烈,除了自然科学之外,人文社会科学的相关学科也大多卷入其中,参与较多的有哲学、社会学、经济学、法学、艺术理论等学科;围绕元宇宙的功过是非,以及风险防控,学者们形成许多意见。但是,这一概念"存在天生的不明确性和抽象性,也一定程度上造成了理解和普及的困难与混乱"⑥。马克思主义学者告诉我们:"作为检验真理的标准,必须具有把主观与客观联系起来的功能,而这只能是社会实践。一种理论、思想、路线、方针、政策和办法是不是正确,离开实践关着门进行争论解决不了问题。"⑦作为一种具有较高前瞻性的理论与技术,元宇宙的显著特征就是其与"现实"的密切关系。既然如此,那么就更容易在现实中得到应用,在应用过程中得到检验。

元宇宙在理念层面的现实效应主要体现在对于时空维度的认知更新,让人有现实世界可以"平行"再现的观念,在一定程度上消除传统三维

---

① 沈湘平:《元宇宙:人类存在状况的最新征候》,《阅江学刊》2022年第1期。

② 赵星、乔利利、叶鹰:《元宇宙研究与应用综述》,《信息资源管理学报》2022年第3期。

③ 沈湘平:《元宇宙:人类存在状况的最新征候》,《阅江学刊》2022年第1期。

④ 沈湘平:《元宇宙:人类存在状况的最新征候》,《阅江学刊》2022年第1期。

⑤ 高奇琦、隋晓周:《元宇宙的政治社会风险及其防治》,《新疆师范大学学报》2022年第4期。

⑥ 赵星、乔利利、叶鹰:《元宇宙研究与应用综述》,《信息资源管理学报》2022年第3期。

⑦ 王桂泉、徐海峰主编:《马克思主义哲学方法论》,辽宁大学出版社,2019年,第43页。

或四维世界中人们的视、听、闻、说、思等生理与心理感知的空间与时间障碍,不仅实现多元同时在线的效果,而且获得多维同时感知的体验。

元宇宙在操作层面的现实效应则集中在基于大功率数据传输、区块链分布存储、VR、AR、MR等多维仿真影像技术,而形成的集声像、情景、演艺与沉浸式表演于一体的立体、动态体验空间。这实际上是对元宇宙部分理念的阶段性展示。

笔者曾论述过,元宇宙在实践之中可广泛应用于文博展陈、课堂教学、商品营销、学术研究等方面,[①]但除此之外,对于具有理论与实路并重的中国酒文化建设而言,元宇宙或许亦能发挥重要的作用,试申论之。

一

所谓酒文化,目前虽然热度很高,但学界并没有一个统一的解释、明确的定义。加拿大酒史研究专家罗德·菲利普斯认为:"酒文化史体现了酒被认知、被珍视、被消费的方式。"[②]他指出:人类与酒之间充满了"爱恨情仇",酒在文化或道德上的价值是非常复杂的,"有时是相互矛盾的",而且"这些价值随着时间和空间的不同而不同"[③]。中国酒史专家则指出:"一部酒史,就是一部中国史。酒是一种液体语言。"对于消费者而言,"喝的不仅仅是酒,也是喝历史、喝文化、喝乡愁,很少有一样商品能像酒这样被反复提及。人们对酒的消费不仅是生理上的需要,更是精神生活的需求,这种需求便是由文化背景所决定的"[④]。这说明酒即使不能被定义成一种文化产品,至少也是一种文化属性非常大的商品。综合各种著述,可以发现酒文化大致包括如下几方面的内涵。

其一,酒的历史叙事。酒在中国起源很早,源远流长,是中国古代劳动人民的伟大创造,凝结了丰富的民族情感与文化特色,形成了诸多关于

① 李玉、李莹:《"元宇宙"与历史研究》,《中华文化论坛》2022年第3期。

② [加拿大]罗德·菲利普斯:《酒:一部文化史》,马百亮译,上海人民出版社,2019年,第330页。

③ [加拿大]罗德·菲利普斯:《酒:一部文化史》,马百亮译,上海人民出版社,2019年,第1页。

④ 杨小凡、程诚:《亳州酒史研究》,中国文史出版社,2022年,第170页。

酒的故事、传说、趣闻。尤其是在中国文学领域，酒的元素丰富多彩，唐诗宋词，酒香四溢；名人雅士，多喜佳酿，留下许多酒中佳话。当然更多的是普通民众长期酿制，形成并形塑区域美酒的历史。这些都为各地酒企、酒业宣讲酒故事提供了大量素材。比如汾酒的《杏花村》故事、洋河的《美人泉》故事、亳州等地的《曹操献酒》故事等，都融合了丰富的乡土历史元素，是地方酒文化的重要组成部分，有助于讲好名酒故事。

其二，酒的考古叙事。酒文化的历史属性，除了历史故事之外，还体现在考古方面。因为酒的酿制工艺、发酵技术及其长期存放性，都决定了酒的价值与时俱增。时间因素对许多商品而言可能会导致其价值衰解，而在酒的方面却能产生增值效应。加上酒的工艺特色与区域风格都具有传承性。某地的区域禀赋，如水文气候、物产种类、饮食习惯都对酒的酿造传统具有直接影响，由此决定了区域酒业的历史传承性。如果说酒的故事可以塑造酒魂，那么考古则是为酒寻根。举凡名酒产地，一般都有适宜酿酒的自然、地理、人文与社会条件，这些条件不会凭空产生，一定是在长期的生产实践中形成的，更不会突然消失。酒是人类日常生活的元素，某地的酒业生产一般具有持续性。由此也就决定了关于酒的考古工作，具有重要意义。古井贡酒酿造遗址于2013年入选全国重点保护文物，包括古井在内的不少酒企，都成为省级或国家级重点文物保护单位，一些明清窖池成为"重要的品牌记忆"①。近几年来各大名酒企业几乎都有进一步的考古活动，取得不少成果，丰富和发展着中国的酒文化。

酒文化的历史叙事，还具有国际传播意义。例如古井贡酒的《九酝酒法》在2018年9月19日"作为世界上现存最古老的蒸馏酒酿造方法获得吉尼斯世界纪录官方认证"。吉尼斯世界纪录官员在认证现场表示："这个纪录的认证经过了纪录管理部门、白酒专家和历史专家的长期深入的沟通和研究，是中国酒文化上的又一重大成就。"他进一步指出："中国作为主要的蒸馏酒生产国和消费国在全球蒸馏酒行业中扮演着举足轻重的角

---

① 杨小凡、程诚：《亳州酒史研究》，中国文史出版社，2022年，第171页。

色。希望这个纪录能够帮助中国大众,并帮助世界更好地了解中国的历史和文化。"他还在致辞中引用了曹操的名言,并称赞曹操"是了不起的酿酒大师"。可见,这次成功的世界纪录认证,不仅"极大地提升了亳州产区在世界蒸馏酒中的历史地位",而且对于在世界范围内传播中国酒文化具有重要意义。①

其三,酒的社会叙事。社会性显著是酒作为消费品,区别于其他商品的特征之一。一般而言,酒是一种群体性饮品,有助于融洽集体氛围,沟通人际关系,减少交流成本。从某种程度上讲,不管实际用途如何,酒是一种社会附加值较高的商品。就绝大多数情况而言,饮酒体现的是民众对于高品质生活的追求,对美好生活的珍爱,对于和谐人际关系的营造。民众对酒的喜好,实际是其丰富和改善社会生活的重要方式。但酒的社会性也有其负面效应,例如酗酒、醉酒,借酒闹事,伤身害公;酒也容易滋生拉帮结派、奢靡享乐等不良风气;有的人甚至以酒为媒,腐蚀拉拢,行贿受贿,以满足一己私利,客观推助了腐败事件的发生。各地的拼酒、闹酒之风,既不利于身心健康,也容易造成浪费,更不利于地方良好社会风气的形成。所以营造健康酒风,提倡理性饮酒是中国酒文化建设的重要任务。目前各大酒企在酒的健康性、情感性宣传方面多有相应的举措,但在系统性推进酒的社会性叙事方面还有许多工作可做。

中国酒业协会在2015年成立酒与社会责任促进委员会,主要针对酒驾、未成年人饮酒、过量饮酒等三大涉酒问题,分别以"理性文明,拒绝酒驾""关爱成长,非成勿饮""适量饮酒、快乐生活"为主题进行广泛的社会宣传。由该会筹划举办的"全国理性饮酒宣传周",其影响人群从2015年的三千万人次到2021年的三亿五千万人次,宣传周主题微电影播放量达七千五百万次,已成为中国酒业社会责任领域最具影响力的公益活动。

2022年10月31日,由中国酒业协会主办、酒与社会责任促进工作委员会承办的"中国酒业协会酒与社会责任促进工作委员会年会暨2022全

---

① 杨小凡、程诚:《亳州酒史研究》,中国文史出版社,2022年,第172—173页。

国理性饮酒宣传周新闻发布会"上,中国酒业协会酒与社会责任促进工作委员会当值理事长、古井集团董事长梁金辉表示,要加大健康酒文化的引导与推广,酒企要在追求守正创新的基础上,"做输出正能量的模范"。他指出,中国酒文化需要加大输出正能量。酒企与酒业同人要提倡"理性饮酒,扬酒之利,避酒之害,关爱成长,非成勿饮,护苗佑苗,从理性饮酒关爱成长出发,塑造健康的产业形象、品牌形象、企业形象"。

其四,酒的科技叙事。与中国传统工艺不太一样,近代以来酿造渐成一门学科,逐步采用科学研究方法,不仅从微生物学、健康营养等理论出发,采用定性分析、成分分析的方法,对于酒的结构、品质、物理属性、生化属性等进行各种检查,而且在微结构方面,进行新酒体设计,使酒林产品不断推陈出新。借助科学研究,中国白酒不仅在色、香、味方面形成固定的风格,而且在工艺流程、技术规范、品质保障、新品开发方面,不断取得突出成就。目前各大酒企在各类宣传中,一般会突出各自的"科技"效应,但有的太过神秘,有的太过肤浅,在如何更好地宣传酒的科学内涵、科技品质方面,都还有相当大的拓展空间。

其五,酒的艺术叙事。说酒是一种艺术产品,当无人否定。酒的艺术性一方面体现于内在属性,另一方面体现于外在属性。所谓内在属性,就是酒的产品本身体现的各种令人愉悦的物理与化学特性,主要包括色、香、味三个方面。一般品酒的科学程序大致不外乎"眼观色,鼻闻香,口尝味"。也就是说,饮酒给人的是一种立体性的艺术享受,是一种融观赏、品味与体验于一体的综合艺术感受,而且是一种精致的、高雅的艺术感受。这是其他艺术鉴赏形式没有的魅力。所谓外在属性,就是酒的包装美感,从商标、LOGO、宣传语,到酒瓶材质、外包装设计,从局部描绘、要素搭配、色彩基调,到整体设计,莫不是一个企业、一款名酒的文化性呈现。目前各大名酒企业在酒的艺术文化设计方面,已经逐步上升到理念,甚至哲学层面,例如古井贡酒在贡酒基础之上进一步塑造的年文化,在彰显中国酒文化追求高雅性方面做出了较好的探索。

二

目前国内的酒文化宣传路径较为单一，基本停留于酒企的自我言说状态。各企业多将酒文化纳入产品营销宣传系统，被民众当成是企业的广而告之。由此决定了目前的酒文化建设存在不少问题，其中最为明显的就是企业偏向单向度营销，民众的参与性与共建性不足。而企业的单向度宣传又因被视为商业宣传，不仅降低了酒文化宣传的社会效应，也使酒文化建设对于企业经营的增值效应受到限制。如何进一步提升酒文化建设质量，扩大酒文化的经济与社会效应，需要进行多方面的探索，而日益风靡的元宇宙技术或可为酒文化发展提供新的方向与路径。

酒文化的特征之一在于其实践性传播，在此过程中实际上形成了历史的故事性、历史的空间性、社会的实在性、科技的平民性与艺术的立体性五个场景。元宇宙技术可以对每个场景产生相应的增强效应。

就酒文化的历史故事性而言，借助元宇宙技术，可以使相应酒史故事的历史情节得到更为真切的展示，例如曹操献酒的历史故事，可以制作成立体的情景剧，将相关人物活态化；甚至编成相应的影视剧，利用元宇宙技术实现无舞台、无屏幕演出，从而加深民众对于相应的古井贡酒酿酒历史的认知与记忆。

酒的历史故事性与历史空间性密不可分，元宇宙技术的大频率数字传输功能有利营造相应的"虚拟真实"场景，不仅可以实现酒窖、酒坊、酒肆等古代酿酒空间的高真度再现，而且可以将酒业遗产、遗址与文物进行无差别移动，在完全不影响原址保护、原物保护的情况下，实现酒业考古空间的现场复制与现场移情。因为这些用于演艺的历史空间完全是利用元宇宙技术制造出来，但又不是完全杜撰的。

就酒文化的社会实在性而言，元宇宙技术的运用，可以更好调动观众的参与性。比如古井贡酒年文化的亲民性很大，因为年是国人普遍的文化公约数，"迎新年""庆新年""贺新年"是各地最为重要的公共喜庆活动。但如何将年的氛围拉长，保持在日常生活之中，也需要不断探索。若借助

元宇宙技术,利用3D技术,VR、AR、MR等增强现实手段,佐以虚拟现场等体验方式,则不仅可以让民众更加真切地领略特色酒文化的非凡魅力,而且能让酒文化维持长期的保鲜度。

酒文化的科技平民性与社会实在性密切相关,观众或顾客在深入酒文化现场之际,不仅能感受其悠久丰富的历史传统、匠心独运的艺术表达,以及特有的价值理念与传播方式,而且能够更为真切地领略企业科技创新的成果。例如古井贡酒的年文化更可借助元宇宙营造出活色生色的立体酒文化体验感,即利用现代技术打造消费者集视觉、听觉、味觉、触觉于一体的综合性消费体验。

在展现酒文化的艺术立体性方面,目前的名酒企业已经有所作为,但也多在静态展示方面做文章,举凡包装、商标、LOGO、广告语、代表人等,莫不精心策划,不惜重金,而利用大数据进行动态传播的相关探索则不多见。即使有些企业使用了二维码扫描技术,也仅用以抽奖、防伪、查询等简单事务,事实上利用5G技术,以及越来越新的手机终端条件,完全可以通过二维码这个窗口,为顾客输送一些关于各自酒文化的影像、影音,甚至短剧等立体、动态内容,并且可以满足顾客的菜单式观赏需求,从而扩大酒文化的传播空间。

由前可见,酒文化其实是一项集成性文化,包括多个层次、多个侧面,而元宇宙实际也是一项基于现代成像、显示、传播与系统集成的综合技术,其多维度、大数据与快传输的功能为酒文化的传播迎来了一个全新的数字时代。

三

在系统展示酒文化方面,元宇宙技术可充分运用于方兴未艾的旅游酒业建设,笔者在提交2020年9月在安徽阜阳举行的首届中国酿造酒文化学术研讨会上进行了主旨报告《开发中国旅游酒业刍议》。文中提出了中国旅游酒业建设的试点方案,旅游酒业可分为"观摩"与"参与"两大版块。笔者认为:

在观摩环节,可以借助目前流行的大型室内情景剧表演,以故事情节为线索,将酿酒工业各个过程进行实景展示,游客可以借助群众演员的身份,参与到演出之中。例如以卓文君与司马相如作酒的故事为例,可以从企业职员选择或向社会招募几组面容与身材相似的特型演员,扮演成卓文君与司马相如,分别在各个环节进行操作,让观众在移步换景之间,通过剧情学习酿酒的历史与工艺过程,增加对于酿酒的喜好,调动起游客参与酿酒的积极性。

在剧情设计阶段,故事性非常重要。最好能体现地方文化与民俗,带有强烈的乡土味道。以盛产名酒的皖北而言,如何借助故事,将江淮产好酒,皖北有受喝酒的区域特色体现出来,同时又具有吸引人、打动人的故事情节。皖北地杰人灵,不仅酒香,而且与酒有关的故事也多,例如阜阳有聃季载以五谷酒向周文王祝寿的故事,有刘伶醉倒三秋酒的故事;亳州有曹操敬献九酝春酒的故事;此外,欧阳修、华佗等名人均有爱酒的传说,这些都是编制酒剧的优秀素材,可以充分利用。

可见,观摩区实际上是一个以沉浸式表演为主的故事情景区,然后进入体验区。笔者提出,在这个环节,游客在企业员工的协助下,完成从配料、踩曲、配曲、拌料、上甑,到入窖、开窖、蒸馏、摘酒、勾兑的各个环节,在这些环节,用时不宜过长,以有一定体验为度。文中笔者强调指出:

对于企业而言,实际上进行的是一种表演性生产,勾兑环节可以从容一些,因为要鉴其器、品其味、闻其香、观其色,实际上是一个鉴赏过程。让游客在经历精神激励之后,进行较为充分的工艺实践。作为旅游学习的成果,就是游客亲手制作一款产品,这是一款专属于自己的特殊产品,企业方面协助游客完成产品的设计、生产、包装,直到后续递送等过程。到游客拿到自己的产品,方为旅游工业的终端。

实际上,在旅游酒业建设的每个环节,都可以将元宇宙技术加以利用,以营造较为逼真的空间环境、较为真切的体验感受,使观众能够深度参与酒文化的展演,而非仅仅停留于参观状态。这种旅游酒业建设不仅

酒体质量把控

是酒文化立体、动态宣传的较好途径,也可以开发成企业的一项新型产业,产生经济与文化的双重收益。

四

在元宇宙技术、旅游酒业与酒文化推广方面,富有特色的酒业主题活动是一个较好的窗口。目前国内酒业主题营销案例有五粮液公司开展的婚庆活动、山西汾酒的寻根活动等,都产生了一定的社会与文化效应。

现在,古井集团在贡酒文化的基础之上发掘与创新年文化,成立了"安徽古井贡酒年份原浆·文化研究院",深入发掘中国传统年文化的底蕴与特色,并赋予其新的内涵与功能,既能彰显古井贡酒人为满足人民群众享受新时代美好生活需要的诚挚用心,又能拓展中国专题酒文化建设的路径,是中国酒文化一方面高大上,另一方面接地气的重要体现。

中国的酒文化与中国的年文化都非常悠久、博大精深,两者强强联合,必然会产生明显的增量效应,创出中国酒文化、优秀传统文化相互配合,共同提升的新路径与新方案。

在以酒为媒的年文化建设方面,充分发挥元宇宙技术,无疑可以产生多方面的效果:

第一,有助于营造更加浓郁的年文化氛围,促进年文化的体验感。中国人一般有过年的讲究,注重的就是一种真情实感。通过元宇宙的虚拟真实、平行世界等手段,不仅可以将过年的空间与景致打造得更加鲜活、丰满,而且能使空间中的情感表达成本极大降低,增进喜庆程度与欢愉效果。

第二,有助于进行空间搬迁,实现年文化的平常化。年文化从根本上讲就是一种节日文化、喜庆文化、庆贺文化。除了春节之外,中国传统节日还有很多,都有不同程度的团拜、欢聚与庆祝活动,通过元宇宙技术,可以将年文化的场景与氛围"搬迁"到其他节日,甚至可以实现天天过大年的效果。

第三,有助于实现中国节庆文化的共享性。中国地大物博,各地节庆文化丰富多彩,不同地区、不同民族的习俗、民风与节庆方式多有不同,甚至城乡之间也有较大差别。借助元宇宙技术,可以实现不同民族、不同地区节庆活动的实况、实景与实态同步化,消除空间距离,从而实现喜庆文化的全民共享。

第四,有助于革除传统节庆文化中的一些陈规陋俗。中国传统节庆文化在喜庆的氛围之中,也有一些不良的陋习,例如耽于吃喝、游玩过度、应酬频繁等,不仅容易造成浪费,而且会造成某些节日病。借助元宇宙技术,既可以增加节日喜庆的氛围,又能以某些虚拟手段取代真实物料与器材,从而在增加欢愉程度的同时,又尽可能节约资源、减少成本,从而提升健康过节的幸福感与欢乐程度。

总体而言,元宇宙促进中国酒文化建设的路径是多方面的,目前尚处于

探索阶段。但不管方案如何,大数据与酒业的结合必将日益密切,正在受到越来越多的关注。而本文所讨论的元宇宙与酒文化建设,正是基于大数据与酒业深度融合的考量,以期对以元宇宙技术为标志的大数据时代的酒文化建设路径与方法进行一些粗浅探讨,多属于前瞻性构想,有些迹近推测,甚至有空想之嫌。尚祈专家学者不以为浅陋,多予指正赐教。

作者简介:李玉,南京大学历史学院教授,博士生导师,教育部重点研究基地南京大学中华民国史研究中心副主任、南京大学新中国史研究院讲席教授、南京大学中国酿造史研究中心学术委员会主任。

酒性与人性

戴兆国

酒对中国人来说,就是过一种精神生活,在我看来,酒性与人性相生相应。酒之化性,助人之气性;酒之温性,显人之理性;酒之醉性,激人之狂性;酒之神性,发人之灵性。

酒幻源于万物,于酵化转换中蕴神奇之能。饮酒之际,酒纯净万化之能,入人体散之血脉,摇动身体之气,此为气性活跃之机也。酒有温热之性,散为上身,激越之力。君子之饮,有度可循,酒之温性,激醒理性,增创造之活力。酒有高能,醉人于无形,人之有醉形,方显人之狂达。

酒神狂达,不纵放,不离荡,乃原生力发动也。众神呼应,雷电所应,

安徽师范大学马克思主义学院教授、安徽师范大学出版社总编辑、副社长戴兆国视频致辞

酒神出场。酒神以其无限的张力,激活点燃人之灵性,此灵性运用于艺术、哲学和宗教,皆为通神之路。古人有诗云:采菊东篱下,悠然见南山。其中酒与神共在焉。

酒文化作为一种特殊的文化形式,在中国传统文化中有其独特的地位。"安徽古井贡酒年份原浆·文化研究院"的成立,为深耕酒文化注入了新的活力,而古井贡酒倡导的年文化正是对酒文化传承和发扬的一种更深层次的表达。

古井贡酒近年来开拓创新,特别是推出"年份原浆·年三十"产品,它由年份原浆品牌衍生而来,是古井独有的区别于浓香、清香、酱香等传统香型之外的一种独特的新香型的白酒,具有新颖典型的烤麦香风格,这一古香型产品让古井贡酒跳出了大浓香的范围,在香型的世界里独树一帜。古色古香,古色生香,为未来发展找到了更加稳定更加成熟的战略支点,可以说这是古井人智慧的创造和发明。

祝愿"安徽古井贡酒年份原浆·文化研究院"在未来的发展道路中,为中国酒文化的研究开创一个新的平台,推动中国文化向更高质量的研究阶段发展。

有感于此,赋诗一首。

古井贡酒赞

小麦山人

涡河①泱泱,淮水汤汤。老庄②星列,道学奥堂。

沃野中原,麦丰黍藏。仪狄妙手,解忧杜康。③

都建南亳,兴自殷商。④九酝古法,百年原浆。

千代传承,古色生香。贡献文化⑤,底蕴悠长。

---

① 涡河流入淮水,流经亳州。

② 老子生于涡阳,庄子生于蒙城,老庄思想是中国本土文化的源头之一,史称道学派。

③ 仪狄和杜康,相传为中国古代酿酒的人物。

④ 亳古代有多处,有人考证现在的亳州为南亳。亳曾为三代时期殷商故都。

⑤ 古井贡酒传承千年,形成了自己的文化,即贡献文化。

神医①仁心,悬壶四方。建安风骨,七步思量。②
东临碣石③,沧海茫茫。广陵高歌,音绝嵇康。④
真人立世,玉液精酿。众善其身,味济衷肠。⑤
桃花春曲,古井名扬。无极之水,牡丹⑥流芳。

作者简介:戴兆国,安徽师范大学马克思主义学院教授,哲学博士,博士生导师,安徽师范大学出版社总编辑、副社长。

---

① 神医指华佗,为亳州人。
② 建安文学,在文学史上独树一帜。七步指曹植的七步诗。
③ 东临碣石,借用曹操诗歌中的名句。
④ 广陵即《广陵散》,为古代名曲。嵇康被害之前,曾弹奏此曲。后人谓嵇康去,则广陵散绝矣。嵇康墓在涡阳石弓镇。
⑤ 真人四句,化用古井集团的价值观,即做真人,酿美酒,善其身,济天下。
⑥ 古井贡酒为中国传统名酒,被誉为酒中牡丹。

井与酒的随想

张居中

 十年前,我就与古井结缘。当时我受邀分析我们古井老窖池考古发掘现场采集的土样,并提交了植硅体分析报告,亲身感受了古井贡酒的厚重历史文化。十年后的今天,我又被古井贡酒"年份原浆·年三十"的味道所吸引,对这个老名酒品牌的兴趣更浓了。这几年我也经常思考酒文化的起源,有了一些感触。

 古井贡酒的起源确实非常值得深入挖掘,并且挖得越深,越觉得有意思。从曹操献酒开始,古井贡酒从历史中走来,走向寻常百姓的餐桌。

 翻看古井贡酒的系列文化书籍,我在惊奇之余也有钦佩,发现其中引

中国科学技术大学科技史与科技考古系教授张居中致辞

用了大量的考古学研究成果和资料,这充分彰显古井集团是一个具有较高文化造诣的企业,所以才能创造出优秀的企业文化,也使得企业能够不断取得引人瞩目的辉煌战绩。我想重点谈谈两个关键字,一个是"井"字,一个是"酒"字。

首先说"井",在北方农村生活的人大概最为熟悉,从考古最新发现可知,井的出现距今最迟已有七千五百年之久,但大规模的出现应是距今四千多年的龙山时代,当时已有井灌农业的出现,凿井技术的发明,扩大了人类选择聚居地的范围,大大改变了人类的生活,从此成为人类定居生活文化符号之一,随之出现了市井小民,产生了市井文化。因此,当人们遇到灾荒或战乱离开祖居地被称为背井离乡。我了解到,古井的"井"亦是由来已久:一处是北魏古井,有着独孤信将军金戈铁马的传说;一处是地下宋井,被发现时还有石磨或碾盘之类的石板盖在井口。两处古井泉水甘洌,水质呈弱碱性,富含多种矿物质,用来酿酒尤佳,也正是因为这两口井提供源源不断的活水,才使得古井贡酒岁岁年年馈赠饮者。

据我所知,北魏古井和地下宋井都被列为全国重点文物保护单位,是非常珍贵的文化遗产,不可再生、不可替代,因此要尤其重视并加强文物保护利用,传播好文物知识和价值,深刻揭示文物背后蕴藏的文化内涵,让文物活起来。

讲到"酒",据我们最新研究,至少距今已有九千年的历史。自从贾湖古酒残留物被发现以来,我就与酒的起源问题结缘。据我的研究,我国在宋代之前大抵都是发酵酒,而蒸馏酒据研究则是元代以后的事情。古井贡酒的前身"九酝春酒"恰是"腊月二日清曲,正月冻解,用好稻米施去曲滓便酿"的发酵酒,也正是因为一千八百多年前生产出"九酝春酒"这样的好酒,并被曹操进献给汉献帝刘协,给后辈留下了酿酒的良方——《九酝酒法》,才有了如今的古井贡酒,也对亳州及周边酿酒产业的发展产生了深远的影响。当然年酒文化也是有千古传承的,春节是中华民族传统节日,对过年也是所有中华儿女每年最大的期盼,在这个团圆的节日,当然少不了酒这个最好的精神载体。古井打造这款"年三十",不仅历时长久,并且用最好的发酵工艺和深刻的文化内涵来诠释年酒,与中国年文化高度契合,这对于中国酒文化的传播和发展都大有裨益。

我们的古井,能闯出现在的好名声实属不易。得天独厚的地源优势,优质的酿酒原粮,独特的酿造技艺,良好的经营策略,优良的人文环境等,环环相扣,缺一不可。

作者简介:张居中,中国科学技术大学科技史与科技考古系教授。长期以来一直从事全新世人类学、新石器时代早期文化和环境考古、生物考古、农业考古、音乐考古、陶瓷考古等专题研究,先后主持或参加十多个大、中型考古发掘项目,并主持和参加国家自然科学基金或社会科学基金资助项目、中科院战略先导项目等共十余项。

烤麦香

艾克拜尔·米吉提

2021年10月8日,王蒙老师微信发来一张照片。那是一个酱紫色的酒坛,大概是那种五十斤容量的坛子,上面标有中英文"古井贡酒 GU - JINGGONG LIQUOR",在下方立着一个标牌,上面书有"艾克拜尔·米吉提鉴藏"字样,坛口下方还挂着编号牌子。这很有趣。我在微信里回复"谢谢王老师",还随了一个笑脸。

那年,我去古井集团的酿酒现场参观,他们陪同我先去参观那口酿酒水源古井。真是出人意料,在那棵老槐树下的古井,井壁竟一层层用不同颜色、不同年代的砖石砌起。他们向我介绍,这一带历史上是黄泛区,每一次黄河泛滥成灾,都会将黄淮平原上的这片沃土淹没,这口古井也会被黄河洪水裹挟而来的泥沙吞没。但是每当黄河洪水退去,这里的人们就会把古井掘开,在原来的井壁上添砖砌石,让井口重新露出新覆的地面,依然为这方土地酝得佳酿续水。井壁上不同色泽的砖石,可谓是这口古井的年轮,当然,也在无声叙说着黄淮平原黄泛区隐秘沧桑的岁月。正因为如此,由这口古井酿造出来的酒,就有别样的魅力和一种历史的积淀。

常言说,酒是百药之引,酒是粮食精华。白酒的原料根据不同地域,分高粱系、小麦系、苞谷系、青稞系、大麦系、红薯系等,不一而同。而古井贡酒选择和赖以生存的根本是小麦系。古井贡酒过去称之为古井香,梁金辉董事长在新时代提出了烤麦香理念,这一源自古井贡酒酿酒实践的真知灼见,将古井贡酒的品格和影响力、美誉度提升到了一个新的高度。

古井贡人是执着的,他们系统探究"从一粒种子到一滴美酒"的演变,

富有一种童话感,而且是那样地敬业,那样地细腻精致,令人钦佩。

古井贡人研究系统成熟的酿酒用粮、优种选育、定向种植、精心收储,形成自成一体的标准化体系,潜心打造产品内在核心品质源头。他们针对不同区域、不同品种、不同储存时期的小麦样品,进行多维度综合立体研究,并结合酿酒工艺,研究对酿酒微生物菌群、出酒率、优质品率、口感香味等指标的影响,分别选育出适合制曲和酿酒原料的多种小麦品种,融会贯通,真正体现古井贡酒特有的烤麦香韵味。现代企业成功的秘诀在于成为制定标准的人。古井贡制定《古井贡酒·年份原浆品质管控纲要》,所涉原粮、制曲、酿酒、酒体、全生命周期五大品质管控体系,强化从原粮到原浆的质量闭环,自有他们独特的收获。与此同时,针对年份原浆的关键技术、产品研发、产品转换等环节的科学把控,由产品推进高品质的市场表达,使得年份原浆产品持续升级,体现了古井集团卓尔不群的白酒企业运行模式。

随着中国步入老龄社会和全民健康成为社会关注热点之一,古井贡人顺势而为,与中国酒业协会和北京工商大学首倡建立中国白酒健康研究院。这是全国首家白酒健康专业科研机构,围绕"白酒健康"课题,系统开展一系列技术研究,在白酒健康价值体系、白酒健康标准体系、白酒健康文化体系等方面获得多项成果,并有效传播,造福社会。

在健康因子筛查、健康研究平台搭建、功能菌株的应用研究、健康新产品研发方面取得进展,研发出多款健康白酒产品——亳菊酒、灵芝酒等等,深受消费者欢迎。

年节,在中国传统文化中占有重要地位,是中国人的精神寄托、幸福向往、文化载体,也是国人饮酒的文化交集、重要场景和传统习俗。借助年酒文化研究,古井贡酒以一杯美酒承载中国年的幸福、圆满和希望,让美酒融合美好意境,满足消费者更高价值需求,推出了新的一款"年份原浆·年三十"品牌酒。那一天,正是过年期间,在北京从红灯笼般艳红的酒瓶里,斟出"年份原浆·年三十"酒品饮,真是一种令人陶陶然的美的享受。

一个成熟的企业是对社会富有责任感的,而像古井集团这样的负有盛誉的老品牌企业,更是深深懂得企业的发展是与社会发展同步,只有社会发展了,企业才会真正发展。我亲眼看见古井集团在党的十八大以来所走过的发展历程。他们提出"做真人,酿美酒,善其身,济天下"的发展价值体系,也是他们企业的内在原动力。因此,古井集团主动担当社会公益事业,参与启动安徽助残公益项目,联合经销商与太阳雨集团、安徽省残疾人福利基金会合作,为安徽一千两百户困难残疾人家庭安装太阳能热水器,帮助他们解决日常生活热水供应困难的问题,回报社会、回报家乡人民、回报这个新时代。

当然,酿酒是传统农业文明社会的产物,随着时代的发展衍生为一个工业生产体系。现在,古井贡酒正在从传统的工业生产模式向"智能酿造"转型升级,以赶上这个智能时代的步伐。他们即将建成总占地面积两千三百亩、总投资近九十亿元的"智慧产业园",集合智能化、数字化、绿色化、透明化于一体,旨在打造中国白酒行业的"灯塔工厂"。我以为,届时古井贡酒将依然秉持"质量为天"的理念,继续弘扬他们的"三品"工程——"品质求精、品牌求强、品行求善",来铸牢古井贡酒一直以来的"品牌"效应,继续领航中国白酒高品质酿造,在新时代让人们的生活洋溢着古井贡酒特殊的"烤麦香"。

作者简介:艾克拜尔·米吉提,著名作家、翻译家,第十一、十二届全国政协委员,中国作协影视文学委员会副主任、中国电影文学学会常务副会长、中国作家出版集团原党委副书记。

我的古井印象

戴胜利

一、古井的水

在白酒界广泛流传的一句话"水为酒之血",这说明酿酒中水是酒的命脉,没有足够的品质很好的水源来帮助酒的形成,给足酿造的环境"血液"营养补充,是酿不出品质很好的酒的。水作为酒的主要成分之一,水质的好坏直接影响着酒的质量,所谓"水为酒之血"说的就是这个道理。

古井的水留给我的印象十分深刻,即便过了二十余个春秋,古井的水给我印象还十分深刻。

1999年6月30日我大学毕业了,和几位大学同学怀着满心的期待去古井酒厂报到。古井酒厂是全国闻名的酒厂,我们几个同学都以为是在

古井贡酒酿造所用呈弱碱性之水

市里头,但到了亳州市才知道,古井镇离亳州城里还有二十多千米,于是又转车到了古井镇,在酒厂办完报到手续后,已经接近下午,我们几个同学都被安排在了北区二栋员工宿舍,到酒厂边上的小店里简单吃点饭,就回去收拾宿舍。

那天天气很热,大家去冲澡间洗澡,拧开水龙头,水冲在身上,感觉滑滑溜溜的,像是打了肥皂,等真正打了肥皂后,泡沫不多,用手搓灰,手滑滑的,无处借力,自己搓,基本上搓不掉灰。于是大家开始互助搓背,一搓一滑,特别滑稽,大家哄堂大笑,打起了水仗……欢乐地洗完了澡。

大家兴奋地没人睡午觉,第一天报到,又不用上班,罗天祥、王超、张学恩几个人聚在一起泡茶聊天,第一道喝白开水,入口滑滑的,有点咸,细细品味,又有点甜。第二道,泡茶,泡出来的茶,茶色较以往泡出来的茶颜色更加厚重,口感也更加浓郁,但第二泡和第三泡味道明显比以往泡出来的茶味道更淡,古井的水是不是更容易摄取食物中的精华?第三道,换成了水壶煮茶,抓一大把茶叶放进水壶,加热煮开,再开火十分钟,这次煮了一壶浓茶,倒进杯子里,入口有点苦,有的人受不了入口的苦,就自行加点白开水调淡茶的味道,用古井的水这样煮出来的茶,不管入口是不是苦的,但回味一定是甜甜的。

晚饭时间到了,张学恩是个特别爱生活的人,他提议去街上买点米回来煮粥吃,用古井的水煮出来的粥,黏黏稠稠的,放点咸菜,很好吃,每个人吃了两大碗粥,咸菜配上甜甜的粥,味道倒是很别致,第一天报到的奔波辛苦貌似都一扫而光了。

第二天,人力资源部安排新报到的大学生去博物馆和厂区参观。博物馆的周馆长是个和蔼可亲、知识渊博又幽默风趣的人,他介绍古井的酒文化,带我们去参观"魏井"。魏井是位于古井集团厂区的千年古井,被誉为"华夏第一井"。水体清澈通透,水质清洌甘爽,用此水酿出的酒,更是芳香馥郁。该井早在南北朝时期的北魏就用来酿酒,井水从未干涸过,一直沿用至今。古井集团厂区还有一口"宋井"也特别神奇。宋代古井位于安徽省亳州市古井镇中国白酒博物馆内。1992年10月,古井兴建文体馆,挖掘机在距地面近五米处挖到了一口砖砌的井,上面还盖着一块红石板。经过文物部门鉴定,此井为宋时井,距今约有一千年。史料记载,南宋嘉熙四年(1240年),黄河发了一次特大洪水,夺淮入海。当时的人们为了躲避水灾,可能在临走前用了当时农村用的石磨或碾盘之类的石板盖在井口上。后来又经多次泛滥,淤积造成地面抬升,井体下沉,终于形成了地下井,千年后方重见天日。宋井现在是国家级的重点文物保护单位。

二、古井的人

大学毕业后,我在古井酒厂工作了八年半,在古井的岁月里遇见了很多很好的同事和朋友。和古井老同事老朋友的交往持续至今,友谊历久弥新,每每回想起来,特别温暖,对他们特别佩服,撷取几个极其平凡的人,回忆他们带给我的感动。

进入古井酒厂之后,我就直接进入了销售公司,开始跟着老业务员学习,前后跟着好几个同事学习。王广君、王光辉、刘跃军都曾经带过我,他们都业务精湛,对待下属也特别好,给予同事很多的关心。也有一些资历稍稍老点的业务员,会带着我们这些刚入职的大学生一起访客户、跑市场,张义美就是一个给人印象深刻的业务员。当时张义美负责安徽宿州市场。我曾经有一段时间去支援宿州市场,张义美比我大十来岁,我一直喊她张姐。张姐对待业务特别特别认真,手里随时拿着一个小本子,记着上千个客户的电话,还记录着每天拜访客户过程中客户反映的各种各样的问题。张姐每天一大早就去乡镇拜访客户,很晚很晚才会回到市里。乡镇的客户天天都能见到张姐,于是每次下订单,都是找张姐下订单,张姐的小本子除了记录客户反映的各种问题之外,还会记录每个客户的订货需求,每天很晚回来后,还要整理客户的订单,再转给宿州城里的代理商。代理商只负责发货,长此以往,乡镇的客户只认识张姐,却不认识宿州城里的代理商了。后来,张姐调到了别的市场,乡镇的客户不舍得张姐离开,排队请客,请张姐的场景让人十分感动,做业务做到了这样的境界,也正能体现出古井人的干事创业的精神。

在市场上，另一个给人印象深刻的同事是房庆国，当时古井酒厂为了更好地服务市场客户，配了一百来辆专门帮助代理商配送订单的送货车，房庆国是配货车司机。他经常和我一起去拜访客户，给客户送货。房庆国和我年龄相仿，他喊我小戴，我喊他小房，天天一起拜访客户，建立了深厚的兄弟友谊。小房对工作特别负责，他从来不去洗车店洗车，都是早晨早起一会，自己提桶水，用毛巾把车的里里外外擦得一尘不染，在车里放好空气清新剂，到客户仓库按照订单把货装好，码得整整齐齐，捆得结结实实。小房总是把一切准备停当，再到住处喊我一起出发，不会耽误哪怕一分钟的时间。小房特别爱惜车，不允许在车里抽烟，客户也不例外。在和小房一起共事的那段时间，小房从来没有耽误过一件事情，总能按时按需地完成配送任务。

在古井酒厂本部里，也有很多的单位给人留下了深刻的印象。古井的工会，对于刚刚入职的年轻人特别关照。刚刚来的大学生，不认识多少人，人脉圈子也还没建立起来，又对恋爱婚姻有强烈的需求，古井的工会对于大家的婚姻大事特别上心。工会的同志根据每个年轻人的大概情况，分析梳理可能心仪的对象，在酒厂里发动一切资源给年轻人寻找匹配的人选。有位大学生到古井好几年了，个子不高，有点社交恐惧症，工会的同志经常鼓励他多和女孩子接触，还专门创造机会让他参加集体活动，帮他安排的相亲活动都不下十场，终于帮他解决了婚姻问题。古井的工会促成了多少对新人，估计工会工作人员都不一定记得了吧。成家方能立业，年轻的大学生一入职就受到酒厂像家人一样的关怀，非常温暖。

古井酒厂的员工成千上万，印象深刻的人也成百上千，短短的八年半，我结识了很多带给我感动的古井人，他们身上有几个共同的特点，特别热情，特别敬业，是最主要的特点。这或许就是亳州当地的俚语"亳州不薄"的真实写照，这也是古井贡酒的事业能够基业长青的深层次原因吧。

三、古井的年

亳州这个地方，特有文化，中国的优秀传统文化在这里传承得很好，尤其是特别重视人情往来,亲情味特浓。如果说亳州市哪些生意最好做,除了传统的优势项目,白酒和中药材之外,饭店的生意应该是最红火的了。红白喜事肯定是要请客的,免不了在饭店摆酒,平常闲暇,三五好友也一定会经常在饭店小酌几杯。每逢过年,亲戚朋友间互相走动走动,春节期间走亲戚,基本上都是在家里吃饭,亲戚多点的家庭每年从年三十到正月十五天天都有亲戚聚会吃饭,并且在谁家吃饭的日子也基本上是固定的,无论到谁家,主人都会把最好的酒、最好的菜、最好的点心全摆上来,过个年,基本上每个人体重都会长个三五斤。

在古井工作的那些岁月,过年更是让人难忘。对于白酒企业来说,"年"是一年中最重要的旺季,春节前异常忙碌。销售公司的业务人员主要是在市场上忙碌,拜访客户、确认订单、确保发货、推动分销、消费促进……事情一大堆,一般会忙到春节前的最后几天,再根据远近一定要确保在年三十前赶到公司。公司领导会给每个人发一个红包,说着感谢的话,并千叮咛万嘱咐地提醒回家路上注意安全,目送着员工坐上回家的车,充满着关怀。

公司还会发给每个员工好几箱过节福利酒,其中一定有两瓶古井贡酒,不管回家的路多么遥远,员工一般都会把古井贡酒带回家,留在年夜饭和家人一起喝,不管这一年多么辛苦,年夜饭桌上,酒杯里斟上满满的古井贡酒,和家人碰杯共饮,一切辛苦好像都值了。

古井酒厂过了年开始上班的日子一般是年初七,那一天大家都会早早地到公司,上午没有多少工作安排,就是相互走走串串,问候下春节好。公司领导、各部门领导也会带队到各处走走看看,检查开工的准备工作,实际上更多是问问大家年过得怎么样,唠唠家常。

临近中午的时候,公司会开一个简短的总结表彰会。领导的发言都很简短,主要是对过去工作的简要总结,并部署明年的工作计划。会议的重头戏是表彰先进,过去一年表现优秀的人都会受到公司的表彰,每个人不光是有荣誉证书,还会有奖金。得奖的人自然很开心,没得奖的人也不会特别失落,都铆足了劲,打算来年更加好好干,也争取拿奖。整个表彰

会简短而富有正能量，每个人都还沉浸在年的快乐中，更多的人期待着中午能约着三五好友去厂子外面的小馆子里整几杯。

初七的中午，公司安排的有招待午宴，这一年中表现最优秀的员工，会被邀请和公司的领导一起共进午餐，午餐上公司领导会把酒厂最好的酒拿出来招待优秀的员工。初七，春节销售旺季差不多已经过了，重要的工作上午也差不多都安排妥当了，中午的开年招待宴，大家不用担心下午上班，可以开怀畅饮。

古井酒厂的年，尤其是古井酒厂的正月初七，到处充满着亲情，充满着欢乐，整个公司像极了一个大家庭在一起过年，推杯换盏中充满着欢声笑语。

年对于每个中国人都意味着团圆，每个中国人对于年都有着自己心中美妙的记忆。2006年，我考取了博士研究生，学校要求7月份就应该办理离职手续，把档案转到学校。我在古井工作了八年多了，古井酒厂的同事对我都特别关照和厚爱。我和很多同事都是非常好的朋友，对古井我有深厚的感情。当时，我的直接领导梁金辉跟我说："古井舍不得放你走，如果你能协调好学习与工作，尽量留在古井继续工作，有一份收入养家，总比全脱产没有收入好。"梁总的一句话让我瞬间落泪，这就是古井对家人的关怀！我离开古井去求学至今已经十五六年了，十几年来，古井的一批老同事、老朋友一直保持着联系，一直把我当作古井人，每到春节，有机会一定会约着我小聚，我每次去亳州，也一定会去古井看看大家，类似家人的牵挂。

年文化是古井血脉中最重要的文化，年是欢乐的，年也是团圆的，年到处都有祝福，也饱含着满满的牵挂。古井把员工当家人，把客户当朋友，把消费者当上帝。这三个群体都是古井饱含深情的人，也是每逢过年，古井都会想起的人。

作为曾经的古井人，至今我都能时刻感受到古井的温暖与牵挂，我也时刻牵挂着古井的那一帮老朋友，也时刻关注着古井的发展。曾为古井人，一生古井人，一朝到古井，一生古井情！

作者简介：戴胜利，暨南大学公共管理学院/应急管理学院副院长，教授，博士生导师，中央组织部博士服务团成员。主持国家社科基金重点项目、国家社科一般项目等国家级和省部级课题三十余项，在管理世界、中国软科学、SSCI、SCI 检索等权威期刊发表论文五十余篇，出版学术专著三部。

酒里的风物和故土

吴 丹

酒对亳州人的重要性怎么评价都不过分，日常生活中要有，婚丧嫁娶时更是不可缺席，可以说，酒就像水和空气、阳光一样，作为自然界的存在物在服务着这片土地上的人们。

如何认识酒对人类历史的影响，认识酒与社稷江山的关系，可能对于升斗小民来说太远，也懒得去想。凡事就怕有心人，现在还真有一个人正襟危坐，端着一杯酒，拿着一本书，在给大家娓娓叙说着酒的陈年过往、它的辉煌瞬间。

作者古今是个资深的酒业人士，一个在酒行里浸染了三十多年酒香的文化人；这本书的名字叫《人类与酒的那些事儿》，讲的是酒的传奇故事，树的是酒的文化自信，扬的是亳州历史的底蕴令名。

作者首先明确，酒的历史比人类的历史悠久，而且悠久得不知有多少代了，"酒一直存在于自然界之中。在大约40亿年之前，当生命开始出现的时候，单细胞微生物啜饮着单糖分子，分泌出乙醇与二氧化碳。从本质上来

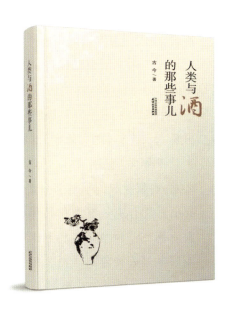

《人类与酒的那些事儿》封面

说,他们排放的就是酒"。作为自然界的存在物,酒简直就是上天对生命的馈赠物,不然小到蚂蚁、果蝇,大到耕牛和大象,为什么都对带有酒香的食物有嗜好呢?因为能够产生酒香的果子,肯定是成熟的,它的糖分和热量都是最美妙的,所以可以吸引众多自然界的爱好者。

如果说其他动物喝酒还只是满足自身的生存需要,那么对于人类来说,酒的意义可就丰富了。对于个体来说,饮酒的意义在于其中的快感,就像德国哲学家尼采说的那样:"在梦中和醉中,人获得了生存的快乐之感。"对人类群体来讲,饮酒的过程和形式安排蕴含着文明和文化的色彩,这才是喝酒的门道,才是喝酒时喝的不是"酒"的真谛所在,作者给我们讲到:"在文明政治产生的初期,权力应当有这样一个含义:即有些高档的产品,或者部落中认为比较好的产品,只有部落首领才可以享用。"所以在古希腊,酒会的主持人被称为"巴赛琉斯",这个词原本代表荷马时代的贵族武士,它还在古风时代被用作国王的称呼。在热衷公共生活的古希腊,酒会是一个经常性的活动。在这里,政治家们各抒己见,运筹帷幄;诗人们即兴创作,抒发感情;哲人们深思熟虑,高谈阔论。通过酒会,古希腊人生成了追求幸福,积极入世的乐观性格。

亳州作为中华酒文化的发祥地当然不能在书里缺席,作者也是带着对亳州的热爱来浓墨重彩地书写和赞扬着这块热土:

> 中国的汉字中有一个"亳"字,这个汉字早在甲骨文中就已多次出现。汉许慎《说文解字》解释"亳"云:"京兆、杜陵亭也,从高省,乇声。"甲骨文"亳"字是一个会意字,习惯上认为其上半部分乃是高台之意,类似树杈的下半部分则有许多争议。高,《说文》释"高"云"高,崇也。象台观",有崇拜祭拜之意,指代宗庙祭祀所在。与"亳"字相似的是"仓"和"京"字。由此可见"亳"的上半部分确有高台的含意,而下半部分初看起来酷似甲骨文中的"屮"字,通今"草",草木的含意。还有一种说法认为下半部分乃是"乇"字,《说文解字》解云:"乇。草叶也。从垂穗上贯一下有根,象形,凡乇之属皆从乇。""乇"字本为庄稼之意。巧合的是,今天的亳州产生了中华民族最古老的小麦化

石。总的来说,无论是下半部分取"中"抑或"乇"意,均与国都社稷有关。结合甲骨文卜辞来看,"亳"字又往往与祖先、祭祀相关联,商人把"亳"作为城市、都城的代名词。很多人往往把"亳"误读作"毫","毫"比"亳"多了一笔。从毫毛到建亳,褪去毛发,学会种植,建立城市,可谓拔一毛而宅天下,这不正是人类从蛮荒走向文明的妙喻吗?

作为酒都的亳州,在2011年被中国老年学和老年医学学会授予"全国十大长寿之乡"的称号,百岁老人数量位居全国前列。这些长寿老人都有一个共同的习惯,就是喜欢适量饮酒、健康饮酒。

正如作者在书中自言,在书里,他选取最有意思的片段来为读者增添乐趣,为饮者创造谈资,期待更多的人能像宋代的大文豪苏舜钦一样饮酒读书。

给家人汇报出去喝酒需要的是底气,汉书下酒有的是一股豪气;看了这本懂酒的人写的书,会更懂酒,那时候喝酒就会多一份雅致和节制。

作者简介:吴丹,天津人民出版社首席图书编辑,在《亳州晚报》《新安晚报》等报刊发文史文章数篇,研究方向为亳州地方文史。

一眼古井，千年飘香
——一个局外人眼中的古井印记

陈　亮

　　我曾在私下找一百个亳州人做过一个调查，问他们：你家有没有家庭成员或亲朋好友是古井人？答案竟然出奇地一致——他们要么是家里人在古井任职；要么是亲戚在古井上班；要么是朋友代理了古井酒。当然，也存在兼有以上三种情况的。足见，一家酒企做到这个份上，何其难得！古井，可以称得上是牵动了一座城市的神经；一代又一代古井人，可以说是不停为亳州添砖加瓦。

　　因为古井，一座城市的气息多了一脉酒香；因为古井人，"亳人不薄"才不再单单是停留在概念上。

　　我以一个局外人的角度来谈古井，总觉得心中有千言万语。数十年来，喝古井贡酒，交古井朋友，家在古井镇，对于古井镇总有太多的话要

古井生态产业园区

说;转念一想,又觉得无话可说,古井的今昔,古井的发展,古井的未来,成绩都摆在那里,或是未来一定可期,毋庸赘言。但我今天还是要说一说我眼里的古井,倾诉一下我个人的古井情结。

2023新年伊始,在古井发布的《2023致全体员工的一封信》中,我很欣喜地看到了这样一句话:"回望近年来古井发展历程,可以说是一路艰辛一路歌。自2014年以来,从50亿到拿下100亿,到如今迈向200亿,企业步入了高质量发展的快车道。"

我在思索,古井叱咤酒企、鹤立皖企、引领亳企这么多年,它的成功密码是什么? 我想,不外乎以下几个方面。

一是出身高贵:古井诞生在丰厚的历史文化土壤之中。

这土壤就是亳州。亳州拥有三千七百年历史,人文荟萃,历史文化遗存丰厚。千百年来,亳人作为王侯将相、名医大儒闪耀在历史的天空之上。老子、庄子为亳州带来了道家文化,为世界贡献了古老哲思;神医华佗在这里开圃种药,终成苍生大医;最重要的是文治武功的曹操,他在一千八百年前将故乡的九酝春酒酿造方法进献给汉献帝,从此以后,中华酒史上就嵌入了一个香飘千年的古井基因。

二是基因优越:古井成长于纯正的自然之中。

亳州位于北温带,这里四季分明,气候温和,光照充足,造就了这里自古以来五谷丰登,是名副其实的天下粮仓,这为酿酒提供了天然优势。加之亳州地下水为天然弱碱性水,为酿酒提供了天然母体。

三是传承有序:古井历经千年所酿成的文化精髓。

自九酝春酒到古井贡酒,从亳县到地级亳州市,自明代窖池到今天的一块酒曲,从曹操到一万一千名古井人,千载薪火传承,古井洗尽铅华,越来越炉火纯青。千年古井,酿造着同一种香味叫浓香型,衍生出一种成熟的文化:做真人,酿美酒,善其身,济天下。

四是代不乏人:古井终成酒之大者,是因家风纯粹。

东汉末年,曹操对酒当歌,用建安风骨在美酒中注入了诗情画意;当下古井,在以梁金辉为企业带头人的引领下,守正创新,破冰前行,古井舰队跨越白酒行业的汪洋大海,"风正一帆悬"。可以说,正是因为纯粹的家风,让每一位古井人如沐春风。

五是紧跟时代:古井不断推陈出新,源于关照现实。

就像五谷就要在窖池中不停发酵一样,古井人永远不会停在舒适区。古井人善于挣脱昨天的里程碑,古井人敢于拿到今天的奖杯,古井人更勇于在时代的大浪里第一时间淘到与时俱进的珠贝!举个简单的例子,每逢春节,古时华夏遍饮屠苏酒,今天过年,大河上下共饮"年份原浆年·三十",这就是古井与时俱进,与时代文化脉搏一起跳动的闪光例子。

古井之水,涌动千年甜润亳州大地,为华夏民族贡献了一脉酒香。

古井员工,数以万计聚力济济一堂,为六百万亳州人树立了标榜。

古井是一所学校。我还曾做过一个调查,从古井走出去的员工,抛开在外地履新的不讲,目前,很多已经成为全市各条战线上的骨干人才。

为什么又是古井?

我觉得也有以下五点原因。

一是古井的政治生态好!

古井向来倡导"不拘一格降人才",任人唯贤,任人唯能,任人唯德。古井有个绝佳的金字塔效应,那就是"品质"求精、"品牌"求强、"品行"求善。此为对酒、对企业、对人三个层次。将人放在最后,证明压轴的重要性。古井还开通了双向轨道,那就是在生产经营上培养出能手、高手、强手,在公司管理上培养出通才、大才、德才。所以近年来在酒界流传着"才聚古井"的美誉,也有"才报社会"的口碑。

二是古井的战略部署高!

从古井的企业文化可以看出,古井只生产两种产品:一是美酒,二是人才。酒是陈的香,人是有德好。储酒+育人,是古井的人才强企战略,是古井决胜千里的制胜密码,也是古井长盛不衰的文化配方。

三是古井的格局胸怀大!

古井人奉行"站在月球看地球,跳出古井做古井"的求实创新信条。有一种"不管东西南北盅,举杯皆是古井贡"的文化认同感,也有一种"不管东西南北风,风暴之外最清醒"的明辨力。四方胸怀决定山河情怀,南宋时期有个叫陆九渊的思想家说:"吾心即宇宙,宇宙即吾心。"这就是天地格局。天地生五谷,五谷生美酒。或许,我们也可以这样理解:美酒就是天地,天地就是美酒。

四是古井的使命责任强!

梁金辉董事长主理古井以来,古井集团聚力建设"华夏酒城",抓好"三品工程",夯实"四梁八柱",坚定信心、保持定力、守正创新、高质高速、争先进位、勇毅前行,这是古井人自我价值的体现,也是古井对一座城市经济发展的贡献。在每一处细节都体现着"贡献天下"的使命和情怀。

五是古井的群威群胆牛!

美酒之所以成为美酒,离不开水、高粱、大米、小麦、糯米、玉米等配料;古井之所以成为古井,离不开万名古井员工奋力拼搏。"古井"这两个字真好,"古"字上面是一个"十字","井"字可以拆分为四个"十"字,"十"就是靶心,"十"就是焦点,"十"就是凝心聚力,"十"就是众志成城! 群威力量大,群胆保争雄——这就是古井动能!

我没事的时候,喜欢喝点酒。有时候,也常常对着一瓶古井贡酒陷入沉思,我常想,什么是古井贡酒?

思考很久,我才明白:香飘千年谓之"古",如兰幽深堪称"井",上达社稷是为"贡",酿养五谷叫作"酒"。

隆冬的亳州瑞雪普降,当前,黄淮之间的滚滚麦浪正泛出盎然绿意,这恰如古井集团跨越发展锐不可当的蓬勃之势。

中国酿传递世界香。这是古井人的呐喊,也是古井人作为中华酒企的振臂一呼!

古井是一眼井:一眼古井,千年传承,万世飘香。

作者简介:陈亮,亳州市委宣传部原常务副部长,教育局原党组书记、局长。

当前对中国传统的白酒业进行一次深度革命

——将传统的一代白酒物质产品转型升级为二代白酒精神文化产品

穆子真

改革开放四十多年来,随着我国经济的发展、科技的进步,以及人们生活水平的提高,广大人民群众在普遍满足了温饱之后,已开始追求更丰富的精神文化生活,不断提升自身品位和文化趣味。

而中国传统的白酒业,自新中国成立以来已经历了七十多年的发展历程,曾被人们称为中国白酒业发展史上的黄金时代已经过去,当下传统白酒业的发展已失去了新的增长点和市场新动能。

据此,中国白酒业发展的当务之急,必须进行一次深度革命,即从传统的一代白酒物质产品"量"的扩张上,注重加快转型升级为二代白酒精神文化产品"质"的飞跃。现就如何转型升级提出五个建议。

一、将一代白酒物质产品的量变转型升级为二代白酒精神文化产品的质变

自新中国成立以来,我国白酒业的发展,已经历了三个不同阶段。

第一个阶段,在计划经济时期,当时物质严重匮乏,白酒生产厂家由国家直接掌控,白酒产品从生产到销售由厂家主导,消费者处于被动地位,因此,当时白酒业被人们称为"卖方市场"。当时白酒产品严重"供不应求"。这是中国白酒业在供与求关系上,所出现的第一个矛盾期。

第二个阶段,是国家实行改革开放后,由计划经济转向市场经济,白酒业得到迅速发展,白酒产品市场消费需求量不断提升,白酒厂家抓住这个大好机遇,通过产能的不断扩张,来获得丰厚的经济效益。在此期间出现了一批白酒明星企业和白酒名牌产品,因此,在这个时期白酒产品由过

去的供不应求达到了供能所求。也就是说,白酒产品由过去供与求的矛盾期转向了供与求的平衡期。人们把这个时期称为中国白酒业发展史上的"黄金时代"。

第三个阶段,随着时间的推移和产能的不断扩张,现在白酒产品已出现了供大于求的情况。也就是说由过去的供与求的平衡期,再次出现供与求的矛盾期。因此,当前中国白酒业的发展,从量的增长上已到了一个节点(饱和点),现在必须从量的扩张转向质的飞跃,找到一个新的供与求的平衡点,那就是由供大于求转向供为所求。

要知道人类是"身心合一"的生命复合体,身躯是心灵的载体,而心灵是身躯的生命体现,也就是说人类不仅生活在物质世界中,同时也生活在精神世界中,物质是满足身躯的需要,而精神是满足心灵的需要。在物质严重匮乏的年代,人类处于生存的层面,对物质的需求占主导地位。随着社会的发展和经济的繁荣,当物质大为丰富时,人们的物质需求得到充分满足后,就会由生存层面上升到生活层面,现在人们对精神文化的追求越来越迫切。因此,传统的一代白酒物质产品,必须从"量"的扩张转型升级为二代白酒精神文化产品"质"的飞跃。从当前一代白酒物质产品的供大于求,转型升级为二代白酒精神文化产品的供为所求,由此进入中国白酒业发展史上供与求关系的第二个平衡期。

二、将一代白酒物质产品的"小众市场"转型升级为二代白酒精神文化产品的"大众市场"

一个产业的发展大小,是由它的市场基因所决定的,也就是说一个产业的产品在市场消费的需求量,决定这个产品的市场容量。而市场容量决定这个产业的发展总量,也就是说,一个产品市场消费的需求量就是这个产业的市场基因。

传统的一代白酒物质产品面对的市场消费者是饮酒群体,长期沿袭着这个小众市场,而这个群体整个人口占比不高,有很大的局限性,同时近几年来,在这个饮酒群体里由于多种因素的影响,饮酒需求量处于不断下降趋势,其原因一是政策因素,如"喝酒不开车,开车不喝酒"公职人员上班不准喝酒等。从内因上随着饮酒群体的年龄老化加之健康意识的增强,饮酒量逐年减少,用其他饮品取代,总的趋势呈现一代白酒物质产品市场出现萎缩状态。

转型升级的二代白酒精神文化产品所面对的消费者是"饮酒群体+非饮酒群体",开拓创新一个大众市场,因为二代白酒精神文化产品所涵盖的诗词文化、知识文化与现代人的生活有密切的关联度,有关联度就会产生亲和度。另一方面,二代白酒精神文化产品将丰富的文化资源经过精心提炼,通过有形的白酒产品和无形的文化内涵相融合,让消费者产生认同感和归属感。将传统文化中独特的文化属性与现代人们的生活有效结合,产生出实用的功能价值和审美愉悦的精神动力。因此二代白酒精神文化产品不仅成为消费者的饮品,同时还能成为消费者的珍贵"文化藏品"和赠送亲朋好友的"高贵礼品"。

三、将一代白酒物质产品的低价值转型升级为二代白酒精神文化产品的高价值

物质的原生固有价值不是一成不变的,如果受到外因和内因的影响,它的原生固有价值就会产生一定的变化,由低价值变为高价值。如一块美玉,当它还处于原生物质层面时,它的价格是极其有限的。如果一旦融入了艺术家的智慧,经过精心的雕刻,成为一件精美的文化艺术品,它的价值就会上升几十倍甚至上百倍,正像人们所说"玉不琢不成器"。在中国不少人都知道《清明上河图》是一件无价之宝。但是在没有绘制成图之前,仅是一张白纸。这张白纸的价格通过艺术家的精心绘制,呈现一幅精美的《清明上河图》之后,它的价格就产生了根本性的变化,成了"无价之宝"。

传统的一代白酒物质产品生产的成本价与市场销售价相差几十倍、上百倍,甚至更高。长期以来,人们把传统的一代白酒物质产品称为"价格而非价值的特殊商品",为改变这种现象,必须将一代白酒物质产品由

过去的不断提高价格,转向提高产品的附加值,采取物质+精神,形成1+1大于2的价值倍增效果。也就是说,将传统的一代白酒物质产品的实体转型升级为二代白酒精神产品的文化载体,融入诗词文化、知识文化,将转型的二代白酒精神文化产品,从外观包装上做到超凡脱俗的高颜值,从产品内涵上做到雅俗共赏的高品位,让消费者充分认识到物有所值。"价格合理"在长期实践中使我们认识到:人类历史不仅是物质价值交流的历史,同时也是精神价值交流的历史。往往精神文化的交流和传播离不开物质这个"载体",只有两者有机结合才能达到珠联璧合、相得益彰的最佳效果。

四、将一代白酒物质产品的同质化转型升级为二代白酒精神文化产品的个性化

传统的一代白酒物质产品,在生产过程中从原料配方到工艺流程等多年来基本上大同小异,产品对消费者的需求都可以达到"致醉功能"的效果。因此一代白酒物质产品的同质化长期得不到解决。由于"产品同质化""功能单一化",多年来造成白酒市场竞争白热化。

在我们生活中常常可以看到,同样的一块布料经过能工巧匠的精心设计,可以加工生产出各种不同样式的服装。由原来布料的同质化,生产出各种不同类型的个性化、多元化的服装。

将转型升级的二代白酒精神文化产品,做到"一诗一产品,一品一文化,一化一本书,一书一内容",塑造成"一个产品像本书,一首诗词把情触,一瓶美酒显灵气,一生诉求酒中出"和"立足酒、不唯酒、超越酒"的最佳效果。

五、将一代白酒物质产品的"名牌"转型升级为二代白酒精神文化产品的"名品"

一个产品"名牌"的产生(包括中国"名牌"和地方"名牌")都有它的时代背景和基本特征,以及它的生命周期性。中国一代白酒物质产品的"名

牌"(包括中国"名牌"和地方"名牌")大部分都产生于20世纪70年代。当时国家实行计划经济,社会物质严重匮乏。因此,白酒厂家从原料供给到生产加工,最后到产品销售,整个过程都在计划经济指导下进行。当时白酒市场处于极度饥饿状态,白酒产品远远供不应求。在这个特殊时代背景下,当时评定白酒"名牌"的基本标准,唯独突出原生酒体的物质价值,注重口感的"味觉效果",满足人们的生理需求。

随着时间的推移,至今半个多世纪过去了,从社会的发展到科技的进步,以及人们生活水平的提高等都发生了历史性的巨变,现在人们的消费观念也出现了根本性的变化,人们已从单一的物质消费转向精神文化消费,作为传统的一代白酒物质产品的"名牌"(包括中国"名牌"和地方"名牌")要根据当前新时代人们对消费需求的特点,将一代白酒物质产品的"实体",转型升级为二代白酒精神产品的文化"载体",孕育繁衍出"名二代",产生一批"大家闺秀""名门之子",由一代产品"名牌"转型升级为二代"名品"。也就是说,将一代白酒物质产品这个冷冰冰的静态物品转型升级为二代白酒精神文化产品使其成为有温度、有灵性的"动态物品"。

特别是在当下,我国正处于"书香社会,全民阅读"的时代,要充分利用白酒这个快消产品的特点,及市场产销链条所产生的驱动力,使转型升级的二代白酒精神文化产品成为现代文化传播和交流的"文化使者"。

作者简介:穆子真,原亳县农业局局长,退休后从事酒文化研究,曾在《华夏酒报》发表数十篇文章。

三 腊月话年正当时

　　腊月,是农历年中的最后一个月,进入腊月,就代表着年的脚步近了,年味儿也越来越浓。过年,对每个中国人来说都是隆重而不可轻怠的日子,在春节来临之前,人们越发期待,极尽最好的准备。为此,古井集团策划专场年文化直播,邀请文化学者腊月直播话年,并将其中的精华整理收录。

过年，是华夏儿女挥之不去的记忆

戴兆国

年，对于每一位中国人来说，都是无法挥去的一种记忆。这个记忆如果用三个词来表达，那就是温馨、温暖和温情。温馨的是一种气氛，温暖的是一种氛围，温情的是一家人喜悦的团圆。过年，对于每一个中国人来说，不仅仅是一个节日，更是情感的寄托、文化的传承。

一、年的记忆与变迁

过年，是一家人相聚的团圆、愉悦、放松和喜庆。在我的记忆中，小时候家庭物质条件不是很富足。儿时的年是穿新衣，吃美食，见客人，祭祀祖先，给长辈拜年……比较有仪式感。小时候拜年时，长辈一本正经地坐在堂上，儿孙们齐排排地跪地磕头行礼。而现在，这种形式在有些地方渐渐地淡出了人们的视野，过年时人们无非是求个吉祥，图个吉利，人来了

安徽师范大学马克思主义学院教授，安徽师范大学出版社总编辑、副社长戴兆国发言

祝福就到了,不一定非得做出什么"隆重"的姿态。过年是人和人之间交往最客气的时光。小时候,为了活跃家庭相聚的氛围,大人还会给小朋友出谜语,猜灯谜,等等。

时代在变化,人们的生活越来越好。中国人的观念也在发生着变化,但过年时团聚的那种温馨画面盈盈充斥在人们脑海间。老人们常说,"现在的日子好像天天过年"。过年也不再是吃一顿饺子,买一件新衣服那样让人满足。现在很多年轻人选择在异地过年,旅游过年,儿时过年的情景好像成了一种美好的回忆。但是中国人对年的情怀是不变的,过年是中国千年传承的历史文化,也是人们对美好生活向往的不懈追求。

古往今来,过年的习俗、理念也都在一直不断的变迁中。传统中国的年,有很多仪式感的安排和活动;现代社会的生活节奏和生活方式的变化,带来的年的变化,如团圆方式、放鞭炮、节日活动等等都有很大的变化。其中不变的是对年的节日的期待,家人团聚的温馨。它帮助我们更好地总结过去、把握现在、谋划未来,为中华民族生生不息、发展壮大提供不竭的激情和动力。

二、年的味道与文化

年是有味道的。我觉得年的味道很多,有感性的味道,也有理性的味道。年味很甜、很热闹,有人情,有祝福和期待,有成长的痕迹,有时光静谧的沉淀。

年味不在花钱多少,不在吃喝玩乐。年味是大红的"福"字下推开家门时的一个拥抱,是全家人围坐餐桌的一杯年酒,是父母满含爱意的唠叨,是孩子在膝下欢快地玩耍,是中国人传承千年的对于幸福的憧憬。

随着经济的发展,传统年文化与时俱进。新的年文化不断产生,新年俗带来了新年味。人们对年的需求、对年的情感,随着时代的发展赋予了新的形式、新的载体、新的内容。

年,作为中国传统节日,有十多种称谓,如我们熟知的大年、岁首、元积、元辰、三元、三朝等。这么多称谓的发现,说明我们中国在年文化上有着较为深厚的积累。现在有一种说法叫"上下八千年",随着这些年的考古工作的新发,已经把中国五千年的历史又向前延伸了三千多年。年,是在所有节日之中最重要的一个节日,

节日文化是人类文明进步的见证。春节作为中国传统文化的节日,是对中华优秀传统文化的承载。过年是一个大型的节日,举国上下,芸芸众生,都会在过年的节日气氛中,感受到中国文化的精、气、神。

因地域和文化的不同,过年的习俗活动也会不一样,民间有很多习俗在春节期间上演,如地方戏剧、舞龙舞狮、皖南的马灯、池州的傩戏等等。尽管"年俗"形形色色,却万变不离其宗。追求团团圆圆、和和美美,是过年不变的主题。对于传统年文化,我们要尽量保护和传承。

三、年的节日与常日

年,作为一种节日,像竹节一样一节一节的。而节日是生活中值得纪念的重要日子,是世界人民为适应生产和生活的需要而共同创造的一种民俗文化,是世界民俗文化的重要组成部分。节日的起源和发展是一个逐渐形成,潜移默化地完善,慢慢渗入社会生活的过程。

我们不可能天天过节,平常不过节的日子,我们叫它"常日"。平常的日子和过年的日子有什么差别呢? 我有这样几句话,第一句话是:"要以常日之心度节日,以节日之心度常日。"就是我们过节的时候,要用平常心去欢度这个节日。但是在平常的日子里恰恰要抓紧,常言道:一年之计在于春,一日之计在于晨。只有把握好平常日子里的每一天,才能过个好年。年能过得好的人,在平常日子里一定是很努力的。第二句话是:"常日做事可急,节日行事须缓。"就是在平常日子里做事情可以稍微急一点,过节的时候做事可以往后放一点,稍微缓一点。最后一句话是:"节日要有常日之思,常日要有节日之怀。"一年三百六十五天,过节的日子大概有一二十天,除了过节的一二十天以外的日子就是平常的日子了,我们要认认真真地过。人能于常日、节日变换中,有安定之心,则可悟时间的真谛。

四、年与酒见证团圆

多年来,古井集团一直深耕贡献文化,坚持为人民贡献美酒,坚持对中华优秀传统年文化的弘扬与传播。古井集团生肖酒,将年文化和生肖文化完美地融合在一起。"年三十",三十年,寓意着吉祥、快乐、喜气和团圆。

红色的"年三十"包装盒给节日增添了很多喜庆的气氛。外表"年三十"烫金字样没有一点点瑕疵,而金色的字样透露出一种高贵和典雅。精细的包装工艺体现出大国工匠精神。日常中我们书的封面也会采用一些特殊的工艺进行包装和加工,但是一般做不到像"年三十"这样精细的程度。

从"年三十"让我想到了三十而立,三十岁的时候人生进入生命的精华期,生命在后续发展中慢慢地打开,将获得更多的生命体验。而"年份原浆·年三十"酒的味道正像是人生一样包含着积累、奋进、未来、希望。

过完年三十,开启的就是新的一年:苟日新,日日新,又日新。古井集团经历十年研发,将"年"与"酒"完美的融合,不仅勾起了人过年美好回忆的向往,也增添中国年历久弥新的无穷魅力。

作者简介:戴兆国,安徽师范大学马克思主义学院教授,哲学博士,博士生导师,安徽师范大学出版社总编辑、副社长。主要研究领域包括道德哲学、马克思主义伦理学、中西哲学比较等。出版学术著作两部,编著教材一部、主编教材一部,发表学术论文三十余篇。

有此年酒，相见胡不喜

胡发贵

一般而言，过年是个令人期盼的大日子，是狂欢和喜庆的日子，是亲情和乡情浓浓的日子，是新旧相融、是结束又是开始的美妙日子。大年三十晚上一过，又添新岁，过去的就让它过去，新的一年又来了。在这些感受中最为持久、颇为深切的是强烈的爆竹声，以及美酒的甘烈芳香。小时候，经常看到父母或是长辈喝古井贡酒，但那时"不识庐山真面目"，酒和爆竹，应该是每一个中国人对年最深刻的记忆了。

一、年的独特记忆

关于过年，每个人心中应该都会有很多美好的记忆，每个人都有每个人的感觉，不同年龄段、不同性别、不同地区可能都有差异。对我而言，回想小时候那段乡村的记忆，过年就意味着美食、休息、玩耍。因为时代差异比较大，上了年纪的人就觉得，随着时代的变化，过年感受对比非常强烈。小时候美食肯定是排在第一位的，现在就不是了，放在第一位的可能是团圆，想去体验、感受国家一些新的面貌和信息，因此时间带给我的过年的感受会有显著的差异。

江苏省社会科学院哲学与文化研究所研究员、江苏省人民政府参事胡发贵发言

人们过年的理念和方式,随着时代的发展不断变化,每个时代有每个时代人的活法。我觉得,过年方式的变化主要在表现形式上,比如祭祖忆亲的仪式、拜年的礼俗、饮食风俗等。我个人感受最强烈的是妈妈的味道,我老家在安徽黄山下面的一个村子,以前比较闭塞。我们吃的东西从小时候到我读大学一直没太大变化,随着改革开放以来,随着人员的流动和物资运输的便利,现在餐桌上的品种更多,做法也更加不同,让我感觉现在的年夜饭的味道跟小时候有很大的差异,找不到以前妈妈的味道了。不过,有的过年风俗却是一直保持和延续的,比如我的老师,他家过年待客的方式一直都没有多大变化,比如一碗茶叶蛋。还有除夕夜的团圆庆祝和喜庆的氛围,如爆竹的声响,如贴对联的景象等。当然,过年最喜庆、也最具年味的还要属酒,是自古以来不变的过年标志,是不可抹去的标配,中国人讲究无酒不成席。

过年的习俗各地不同,但是年的味道是相同的,那就是团圆,是幸福,是对来年美好的祈愿。

年的味道,似如乡愁,是岁月带给人生的体悟和感怀。比如儿时年带给我们的就是具体的快乐,是美食、是新衣、是游戏,是炮仗;长大之后重视的是过年的氛围,年更多的是与父母共喜乐,是学业和工作的牵挂,自己慢慢长大,父母渐渐老去,更多的是关心父母的健康及子女的成长。年的味道随着时间的流逝越来越丰富,越来越多元,越来越浓郁。在不同的时代、不同的地域,对年的味道的感受也是不同的。比如说贫穷的时代,我们过年是解决温饱;在社会动乱的年代,我们渴求家人的团聚,在当今国泰民安的时代,我们希望有更大的发展,有更好的前程,这些感受在过年这一天显得尤其强烈。

年是时间酿就的生命之花,既有逝者如斯的生存紧张,更有过往成序章的成长与新纪元的欣喜;是奋斗与彷徨、挫折与成功的交响曲;是克服分别和离散,期待团圆的乐章;是弥合矛盾、不和而达致和睦的其乐融融;是风调雨顺的好年成,是国泰民安的四海康乐。

二、年文化的强烈认同

怎么理解年的文化？其一，年的最为基本和主要的指示，是日月的特定积累，古人以年指地球绕太阳一周的时间，平年三百六十五日，闰年三百六十六日。夏曰岁，商曰祀，周曰年，唐虞曰载。其二，年意味着丰收和美好生活的希望。甲骨文中就已出现了"年"字，其字形像禾，上部是一束穗子向下垂，下部是一个人的形，弯着腰，手臂向下伸，上、下合起来看，像人负禾，表意为收获、丰收。《说文解字》就是这样定义年的："年，谷熟也。"这一内涵，在先秦文献中比比皆是。如《谷梁传·宣公十六年》："五谷皆熟为有年，五谷大熟为大有年。"农耕时代，年的意义不仅是时间上的，深蕴对免于饥饿的渴望，对幸福生活的期盼。直到现在，人们见面打招呼还会说："您吃过了吗？"可见农耕文明对我们基本生活的关注，所以我们过年一定要有丰富的食物。其三，年意味着成长和意义升华。树凭年轮而参天，人因岁月而立，不惑，知天命，最终随心所欲不越矩。年的特定的记时与农耕丰收蕴意，自然隐含一年成轮而增岁意，它象征着生命的成长，同时也伴随了生命意义的丰满与升华。

中国的历史与文化，塑造了中国人的精神和情怀，依"诚于中而形于外"的道理，自然也会影响中国人的衣食住行。中国人有自己品评万物的口味，有着自己的独特的"味道"。古井集团的"年份原浆·年三十"，即是这一味道的颇具显示度的实践者和表达者，也是这一味道的突出文化符号之一。

首先，它生动讲述了中国人对家的眷念，对亲人的思念，对团圆的向往。其次，它洋溢着人间温情，以一个特定日子的特别相聚的符号，凸显了相濡以沫的有缘和无缘大爱，有此美酒，相见胡不喜。再次，它至朴至简的表达，极为深刻地触及了华夏儿女悠远的历史记忆和深厚的人文情愫，除夕与过年，是中华民族共同认同的重要标志，"年三十"契合了这一标志，也擦亮了这一标志，成为启开华夏儿女情感之海的美妙神钥。

在腊月过年的气氛下，品鉴"年三十"古井美酒，其芳香回味悠长。古

井贡酒,将新品命名为"年三十",最易拨动中国人最为敏感的感时怀亲的文化情结,也极易唤起过往的岁月记忆,触动至为温馨的人伦亲情。酒本身的欢乐性,再叠加以喜庆的古井"年份原浆·年三十",势必喜上加喜,乐上添乐,所谓锦上添花,美中更美。

作者简介:胡发贵,现为江苏省社会科学院哲学与文化研究所研究员、江苏省人民政府参事。主要研究方向为中国哲学与伦理,代表作有《痛苦的文明》《儒家文化与爱国传统》。

老酒，让"过年"更有味道

刘震东

　　年文化和酒文化，都是中华民族优秀传统文化的重要组成部分。酒文化是年文化的具象，年文化是酒文化的载体，二者相互碰撞、相互交融，共同满足人民群众对美好生活的向往。

　　"日子天天像过年"，这是千百年来人们对美好生活的向往，如今很大一部分人已经实现了这个目标。之前过年喝酒可能只能喝散酒、光瓶酒，而现在可以喝盒装酒、高端白酒、年份酒甚至老酒。

　　伴随时间的变化、个人的成长，人们对于美好生活的向往与追求持续高涨，"年的记忆"愈发珍贵，"年的滋味"愈加丰富，"年的内涵"愈加深刻，这一过程就像被称为"时间味道"的老酒，在时间的加持下醇化生香，历久弥新。

　　我上次参加古井集团举办的年文化论坛时，记得梁金辉董事长说过，"年"是时间的度量，是历史的刻度，而老酒则是"时间的味道"。在过年这一时间刻度上，品一杯"时间味道"的老酒，那是何等的惬意啊。因此，近年来，越来越多的人开始喜欢收藏老酒、品鉴老

《华夏酒报》副总编辑、资深媒体人、著名酒业观察家刘震东发言

酒,"藏新酒,喝老酒"已经成为一种时尚。

胡润研究院发布的《2019至尚优品——中国千万富豪品牌倾向报告》中指出:从统计数据来看,2019年,名酒收藏已经超越了古代字画、名表、当代艺术品成为中国千万富豪收藏品类占比的首位。

有一句话叫"品质之上,唯有老酒",说明老酒是好喝的,大家都愿意喝的。

现在酒席桌上,如果你拿出一些新出的高端白酒款待客人,客人不一定会有什么感觉,但你拿出一瓶珍藏多年的老酒,譬如20世纪八九十年代的古井贡酒出来,主人、客人都会感到很有面子。

过年,让"老酒"更有价值;老酒,让"过年"更有味道。

一、老酒的定义

那什么是老酒呢? 首先分享下我收藏的一瓶1998年4月3日生产的古井贡十年陈酿。这款酒于1996年开始研发,是中国最早的年份酒,可以说是古井集团开拓了中国年份酒的先河。它当时采用的是法国进口的磨砂玻璃瓶,透过玻璃瓶可以看到瓶中曹操头像。那在20世纪90年代是很精美的设计,即使放到现在,也不过时。下面我和大家分享下对陈年老酒的定义。

关于陈年老酒的定义,业内现在有三种提法:

第一种,2019年3月,中国酒业协会发布的《中国老酒市场指数》对陈年老酒的标准定义是:由具备白酒生产资质企业以传统白酒(固态法、半固态法)工艺酿造,出厂十年以上,且存放完好的白酒产品。

第二种,2019年8月,中国收藏家协会发布和实施的团体标准《老酒收藏评价指标体系》也以标准文字的形式对陈年老酒进行了定义:中华人民共和国合法酒类企业生产,灌装出品并经过一段时间的贮存,未经任何人为的外观改变,具有较高收藏价值和经济价值的白酒。

第三种,国内老酒收藏界有一个大咖,业内称为"老酒第一人",他就是著名老酒收藏家、江西曾品堂创始人曾宇老师。他前几年对老酒下了一个具有诗意的定义：老酒是带有愉悦的陈味、附着历史记忆、有真实年份记录、具有投资属性的不可再生的文化资源。

二、老酒好喝的奥秘

为什么老酒好喝？曾宇老师对老酒下的定义第一个内容就是：老酒带有愉悦的陈味。

大家在没有听说老酒这个名词之前，肯定都知道"酒是陈的香"。这个说法自古就有，流传甚广。像咱们古井集团旗下的黄鹤楼酒就有陈香1979、陈香1989产品——直接用陈香命名。

大家都知道，食品大都有保质期，但白酒没有保质期，具有越陈越香、越陈价值越高的特点，老酒被誉为"可以饮用的液体文物"。

白酒能散发芳香气味的功臣主要是乙酸乙酯等酯类物质。但新酒中酯类的含量是微乎其微的，而酒中的醛、酸不仅没有香味，还有刺激喉咙的作用。所以新酿造的酒喝起来生、苦、涩，不那么适口，需要几个月至几年的自然窖藏陈酿过程才能消除杂味，散发浓郁的酒香。

在自然窖藏陈酿过程中，白酒有个"醇化"的缓慢过程，酒里的醛会缓慢氧化为酸，而酸再和酒精发生酯化反应，生成多种酯类物质，这些酯类物质会产生各种香气，从而使酒质更加醇香。

同时，白酒中的酒精分子与水分子发生缔合反应，杂油醇等有害物质逐渐挥发，酒的口感越来越柔顺，这个变化过程就是酒的陈化。但这种变化的速度很慢，需要的时间很长，有的陈化往往需要几十年的时间。

这就是老酒好喝的化学物理反应机理。

其实，每个名酒企业都有自己的老酒储备。去年，茅台董事长在亚布力中国企业家论坛上透露，七十多年来，茅台在酒库里存了几十万吨基酒。这里提到的酒厂储存的基酒，还有调味酒都属于陈年老酒，价值不菲啊，像茅台几十万吨基酒，如果按照现在市场价值计算，是好多万亿元。

古井的基酒库我十多年前曾有机会进去参观，老酒也存有不少。我

还亲自品尝了库存老酒,喝起来的感觉真是妙不可言。

如今很多大酒厂的高端年份酒都会添加一些调味酒。这些调味酒其实就是陈年老酒,它千金难求,是酒厂的宝贝。

品酒专家评价高端年份酒,一般都会说它陈香幽雅,这个陈香味来自何处,就是高端酒中添加了一定量的老酒。古井的"年份原浆·年三十"酒里面的老酒成分就很多,喝起来明显得陈香幽雅。

三、老酒收藏技巧

既然老酒好喝,那么是不是所有的老酒都值得收藏和饮用呢?有几点误区需要注意。

并不是所有的老酒都是好酒。

一些酒本身酒质差,譬如原本就是酒精勾兑的低档酒,即使储存时间再长,也不可能变为佳酿。

普通的低度酒不适合长期储存。低度酒在长期存放的过程中酒精会挥发,而且酒中的脂类物质总量会降低,酸类物质会增加,这些物质失衡会让口感变差,而且还会跑味。一般来说这种低度酒存放三年以上的时间,质量就会发生变化,下降得非常明显。

此外,有些好酒因为储存条件不好,如储存中与樟脑球、油漆等有异味的物质共放一处,或密封性不好,储存环境发霉,有霉味,都会导致酒质变差,就像某些人在成长过程中遭遇了某些变故,性情变坏,这些酒即使储存时间再长,也不可能变为佳酿。

从某一个角度来说,老酒就和人一样,过一年长一岁,也更加成熟。但是老酒也和人一样,有着自身的生命周期,在一定的年限内,老酒的成熟度是逐年提高,并逐渐达到它生命的巅峰,然后就会走下坡路,所以老酒也不是储存的时间越长越好,要在老酒的生命高峰期拿出来饮用,那是它的最佳饮用期。

老酒并不是越老越黄。

很多人都认为酒越老越黄,越老越黏稠,这也是不科学的。

无极酒窖窖藏的原酒

老酒经过几年或几十年的存放,瓶里酒的颜色会发生一些变化,慢慢从当初的无色,放个三五年后开始变化,十几年以后开始微黄,但是老酒的黄需要在灯光下才可以被细微地看出来,不会很明显。几十年以后就会变成微微有点绿的黄,而并非越老越黄,只是微黄而已。

香型不同,变化也不同。相对而言,酱香酒的变黄会比较明显,而浓香酒不明显,清香型酒基本不变,所以,不能仅仅依靠颜色是否变黄和变黄的深浅来判断老酒的年龄。现在有些不法商贩利用消费者的这一误区,人为地往酒体里添加黄色色素,宣称他的酒体颜色多黄,是储存多年的老酒,这一点需要大家注意,谨防上当。

洞藏发霉的不一定是老酒,即使是老酒可能也变味了。

前段时间,在一些电商平台和视频号里,洞藏发霉"老酒"大行其道,让很多消费者误以为"长毛"是陈酿时间长的表现,从而乐意买单。

这里我要告诉大家的是,这些所谓的洞藏发霉的酒根本不是老酒,这都是人为做旧的假老酒。我在前面也讲过,如果储存环境不好,导致酒瓶酒坛发霉,瓶子外面的霉味就有可能进入瓶内,直接导致酒质变差,

所以这些洞藏发霉的酒即使真的是老酒也可能已经变味了，已经不适合饮用啦。

有人会说，我去酒厂酒库参观，他们的老酒坛外面也长了厚厚的一层"霉菌"啊，为什么酒厂不清理干净，不是这些"霉菌"会影响酒质吗？

我要告诉大家的是，酒厂酒库里的不是霉菌，与普通意义上所指的"发霉"完全不同，这其实正是酿酒微生物菌群长期作用的结果，专业名称叫作酒苔。

酒厂用于发酵与储存白酒的酒库，由于空气中弥漫着微生物菌群，经年累月间，酒库的墙面和陶坛上都长满了微生物菌群沉积形成的酒苔。它与陶坛里的陈年美酒相互依存，共同见证着"天人合一，共酿美酒"的时间味道。

酒苔不是发霉，它对酒的储存有着好的促进作用，这是大自然对白酒行业的天赐之恩！

四、老酒品鉴方法

老酒如此珍贵，那我们如何品鉴老酒呢？

大年三十，除夕夜的年夜饭上，春节期间，亲朋好友聚会上，如果你拿出一瓶珍藏多年的老酒，肯定会受到大家的热烈欢迎。

然而，如果你不掌握老酒的正确饮用方式，把老酒当作新酒一样喝了，是对老酒的极大浪费。

掌握老酒正确的饮用方式，不仅能让大家品出老酒的魅力，喝出老酒的高级感，更是对久经岁月的老酒的尊重。

下面我就和大家聊一聊品鉴陈年老酒的几个小常识：

一是，提前醒酒。

提起醒酒，大家都会第一时间想到葡萄酒，尤其是饮用具有陈年潜力的葡萄酒时，行家都会提前打开，把葡萄酒倒入专业醒酒器中，根据葡萄酒的不同年份，醒酒10~30分钟。

而对于白酒来说，很少有人会想到醒酒，对于新酒来说，当然可以开盖就喝,无关大雅,然而对于陈年老酒来说,由于老酒此前已经封存了十几年甚至几十年,在品鉴之前必须要有醒酒这一步,只有充分醒酒,你才能感受到老酒的魅力。

打开一瓶老酒,我们可以先闻闻其独特的酒香,然后把酒慢慢地倒入分酒器中,醒酒10~30分钟,酒龄越大的酒醒酒时间越长,这样才能唤醒沉睡的酒分子,让其与空气发生氧化反应,使酒体口感更好,香气更馥郁。

陈年白酒之珍稀就体现在这陈香之味上。所以一瓶老酒打开之后,先别着急喝,闻香是品味一瓶老酒的重要过程。

在醒酒的过程中,我们可以轻轻晃动分酒器,一是加大老酒与空气的接触面积,加快氧化过程,一是可以欣赏老酒的颜色、酒花等,闻闻老酒的馥郁香气,感受老酒满屋生香的魅力。

二是,有序品鉴。

品鉴老酒和酒桌礼仪一样,讲究长幼有序。

在古代,喝酒的礼节和现代人不同,虽然都讲究长幼有序,但和现代却是完全相反的。

现代人饮酒,总是从年长者饮起,古代却正好相反,是从最年少的饮起。南北朝时期的梁宗懔著有《荆楚岁时记》一书,这是中国现今保存最为完整的一部记录岁时节令、风物故事的笔记体散文著作。

《荆楚岁时记》中有这样的记载:“素有岁首用椒酒,椒花芳香,故采花以贡樽。正月饮酒,先小者,以小者得岁,先酒贺之。老者失岁,故后与酒。”

也就是说,春节敬酒,要先敬小,后敬老。因为年轻人过年意味着长了一岁,先喝是祝贺的意思,老年人则意味着减岁,因此后喝酒。

而饮用老酒,也应该与古代饮酒礼仪一样,先从年轻的次新酒开始品饮,然后逐步饮用酒龄大的老酒,这样才能渐入佳境。

如果有五年、十年、三十年的陈年老酒,一定要先喝五年的酒,再饮十年的酒,最后品三十年的老酒。因为白酒属于烈性酒,味蕾需要一个耐受

期。如果直接上来就喝三十年的老酒，对老酒"越陈越香"的特质没有形成比较认知，就会在一定程度上影响感受体味老酒的独特魅力。

三是，用小杯忌牛饮。

喝老酒，对酒杯的选择非常有讲究。老酒经过了时间的陈酿，口感已经足够醇厚，所以一次不要喝太多，小杯慢饮，这样才能品出更多的味道。如果像喝新酒一样"大杯干"属于暴殄天物。

因此酒杯选择不宜太大，可选用两三钱的小酒杯，酒液加至酒杯的三分之二处，五指轻握杯体下方，可以一口一杯。酒杯选择以透明为上，方便观察酒体色泽和质感。

四是，新老勾调。

如果条件允许的话，我们也可以把老酒和新酒进行勾调后再喝，这样酒的味道又会有质的改变。

在2001年中国男足打入世界杯决赛圈时，聂卫平遵守诺言，把邓小平当年送给他的一瓶生产于20世纪20年代的陈年赖茅捐给了中国足协，大家一起喝了。当时，贵州茅台时任董事长季克良就是用一瓶1958年的茅台勾兑的这瓶20年代的老酒。

至于具体如何勾调，新酒和老酒的比例如何？这个比较专业，我告诉大家一个基本原则，尽量选择相同香型、相同品牌的新酒进行勾调，不同香型酒勾兑时原则上以香型淡薄的为基础酒，香型浓郁的为调味酒。假设有清香型和酱香型的老酒，我们就选择清香型的作为基础酒，酱香型的作为调味酒。

五、老酒的价值

现在社会上形成了一股"老酒热"风潮，那么老酒到底有什么价值，让大家趋之若鹜呢？

今天的新酒就是明天的老酒，现在的老酒就是当年的新酒。我推荐收藏的古井贡的高端酒、次高端酒，像"古16""古20""年三十"，还有古井贡推出的纪念酒，像"年三十"的生肖系列、前几年推出的实现百亿纪念酒、世博系列酒、小酒版系列酒等。不仅酒质很好，外观设计也非常精美。另外，推荐大家收藏50°以上度数较高的酒。

老酒除了具备白酒本身的饮用价值和社交价值以外，还有独特的文化价值和投资价值：

先说说文化价值。

酒是一种很神奇、很独特的东西，明明它只是一种物质产品，人们更多享受的却是它所带来的精神层面的愉悦，因此它具有物质和精神层面的双重属性。

酒是文化的物质载体，文化是酒的内在魂魄，可以说中国白酒里凝结着中国人高深的智慧和中华民族深厚的情感，而老酒更能体现出中华民族深厚的文化底蕴，是历史的印证、时代的缩影。

其实，正是老酒所蕴含的那个时代的文化因子深深吸引了众多的收藏者，收藏老酒就是收藏历史，收藏文化，是对那个时代生活方式的怀念和致敬。

再说说投资价值。

大家都知道，奇货可居。但古代字画、现代艺术品、名表名车、珠宝钻石这些高端收藏投资品距离老百姓生活太远，不能吃，不能用，只能欣赏，且资金投入太大。和这些收藏投资品相比，老酒是一种大众生活用品，认知度高，投资少，是最具群众基础的投资理财产品。

由于老酒本身具有饮用价值，每年都有一部分老酒被喝掉了，而收藏老酒的人越来越多，导致老酒的价格每年都稳步上涨。

据中国酒业协会的老酒市场指数显示，2013—2018年老酒价格年度平均涨幅为32.86%。

以古井贡酒为例，我1996年结婚时，结婚用酒选用的是山东本地的兰陵喜临门酒和古井贡酒。酒桌上喝的是喜临门酒，当时几块钱一瓶，古井贡酒当时是三十几元一瓶，属于高端酒，主要用于敬酒和送礼，如今这个年代的古井贡酒已经上千元一瓶啦。而更早的1963版古井贡酒，由于已近绝迹，有的买家出价几十万都一瓶难求。

老酒,让过年更有味道。最后恭祝大家在新的一年:喝了古井贡,实现心中梦;喝了年三十,天天过大年。

作者简介:刘震东,《华夏酒报》副总编辑、资深媒体人、著名酒业观察家。

中国人的年和酒

于 瑞

一、中国人的年

美酒霞客创始人、于瑞定位机构董事长于瑞发言

春节是中国人最重要的传统节日,我们将其称为"过年"。每个人因年龄、生活阅历、居住地点、生活方式等不同,对年的理解也是各有千秋。我认为用一个词或几句话去准确地表述"中国年"是比较困难的,所以今天我从个人的亲身经历出发,用一个个小故事向大家分享我对于"中国人的年"的理解。

我是山东枣庄人,枣庄和亳州在地理位置上比较近,基本上都属于淮河流域。中国地理上有一个概念叫作"苏鲁豫皖四省交汇处",枣庄和亳州都属于这个交汇处,所以两地在过年的习俗上比较接近。

1977年,我出生于枣庄的一个村庄。虽然当时的物质条件很匮乏,但每当我回忆起小时候过年的场景,都是满满的幸福。美好的记忆很多很多,具象化的话,那就是包饺子、写春联、放鞭炮、拜年、穿新衣服赶大集、走亲戚、互送贺卡等,到初三、初四、初五这几天,再约着小伙伴一起骑自行车去看电影。这些年,每当我回忆起记忆中的年,总是离不开那一抹红

色，正如"年份原浆·年三十"的外观颜色一样，在我心中它是团圆、幸福的象征。

接下来，我想向大家分享一个关于写春联的故事。现在大家尤其是居住在城市的人基本上都是直接购买春联，而在我小时候，进入腊月二十五、二十六，家家户户都会拿着裁剪好的红纸到村庄里会写春联的家里排队。当时，我叔叔就是村庄里会写春联的三人之一，每每进入他家院子看到满地平铺的写好的春联，都会被深深震撼，敬佩之情油然而生。到了春节那天，已经识字的小孩便会成群结队，挨家挨户去看各家张贴的春联，互相抢答这副春联是谁写的、怎么念、什么意思。

随着年龄的增长，我们对年的记忆也发生了变化。比如说二十年前，像我已经大学毕业了，从老家枣庄到青岛、徐州、济南、北京等地打工。那时候刚参加工作也挣不了多少钱，一到过年，除了要面对火车票价格贵的现实考验，还要在心里闯过一道道关口：一是回不回家过年，二是过年回家给家里小朋友、父母多少钱，三是怎么应对父母、亲戚、朋友、左邻右舍对自己情感和工作情况的打探。

所以说，对于二十五六岁刚毕业的大学生而言，回家过年是一种比较矛盾的状态，但到大年三十晚上，真的没有回家的话，又会感到悲伤、孤独。记得是2004年或2005年，我没有回家过年，一个人在出租屋里喝啤酒就菜，给家人打电话的时候哭得稀里哗啦。这种经历虽然很伤感，但现在回忆起来也是一种满满的幸福。

2007年的时候，一个朋友向我分享了他过年的一件事。那年是他买车后第一年走高速回家过年，三十晚上北京到青岛沿途闪烁着各式各样的烟花。他说这是他人生中过得最有意义的一个年，万家灯火通明处响彻着烟花爆竹的噼里啪啦声，似乎在指引千万游子回家的路。那年我正好三十岁，人到中年已小有成就，也许是更加懂得了什么叫作乡愁，回家过年的欲望比青年时强烈许多，也正是从这年开始，除非有特殊的情况，我每年都会回家过年。

近两年的春节我都没有回家，今年过年和家人商量回家过年的时候，我十三四岁的大女儿表示不想回去,我在给她做思想工作的时候也在思考"中国的年到底是什么样子"。从我个人出发,经历了抗拒回家过年——期盼回家过年——教育下一代要回家过年这样一个过程。这其实从侧面反映了我国改革开放四十年以来发生了翻天覆地的变化,如生活水平、收入水平、生活场景等。而在社会变化的过程中,随着每个人年龄、阅历的增长,回家次数的减少,回家过年也成了我们抹不去的乡愁。

这就是我对于"中国人的年"的理解,它没有具体的概念,但代表着我们对故乡、父母、亲人、朋友的感情。

二、年与酒的关系

专家对年文化的讲解让人对中国年的理解也更加深刻,接下来围绕"年与酒"的关系,我把专家的观点给大家分享一下。

第一个观点是"中华五千年文明史,也是酒的发展史、酒的文化史"。他用了两个词语来分享年与酒的关系:一是酒可养老,在春秋或商周时期,酒是一种稀缺的商品,喝酒便成了达官贵人的专属品,而他们喝酒的目的就是长寿,这就是所谓的酒可养老;二是酒可治病,亳州被称为中药材之乡,而亳州又致力于打造华夏酒城,古井贡酒的酒神曹操也曾高歌"对酒当歌,人生几何",酒和药的结合也许从侧面正反映了酒可治病。

第二个观点从"年"这个字上来分享一下年与酒的关系。甲骨文的"年"上面是一个"禾",表示庄稼,下面是一个"人",合起来就是人背着庄稼,表示丰收。在《说文解字》中也有"年,谷熟也"的表达。两者均表示"年"意味着丰收,这是最早出现的"年"的意义。过年丰收了,人们才能用收获的粮食来酿酒,两者之间有着深厚、不可分切的关联。

三、中国人喝年酒对香味的追求

上述提到中国"年"与"酒"之间的关系传承了五千年,这种关系在不同的时间节点和阶段其表现也不同,比如中国人在每个时代喝的酒各不相同。《中国酒史》作者王赛时老师在中国白酒首届年文化论坛上分享了

他的研究成果,我在这里把他的观点分享给大家。

他当时说到,中国的年酒文化是随着时代而变迁的,在变迁的过程当中形成了一种相互尊重、相互敬畏的一种文化。周朝时喝的年酒叫作"椒酒"——用花椒作为原材料之一制作的酒。我认为当时人们之所以将花椒作为制酒原料之一,与中国人喝酒要闻香相关,就如古井的烤麦香。周朝时因制酒技术落后,人们为了满足对香味的需求,便将花椒作为一种香料,与小麦共同酿造成酒。

秦汉之前喝的年酒,在椒酒的基础上,增加了柏酒,通称椒柏酒。到唐宋时期,喝的年酒叫作屠苏酒,由此可见我们的先人当时已非常重视健康,把酒与健康紧密绑连在一起。古井集团也有一款健康酒,叫作亳菊酒,而亳州也是神医华佗的故里,我觉得这款酒大概也是传承了屠苏酒养生的理念。

这些就是中国古代我们的先人对于酒的香气的一种探索和追求,传承至今天,在"年份原浆·年三十"的香味上也有所体现——烤麦香。第二届国际名酒节专家曾评价古井贡酒"香醇似幽兰,色清如水晶",这也体现了中国人对酒香的追求。

通过"年份原浆·年三十"这款产品的设计可以看出,它整体是大红灯笼的造型,颜色是中国红,"年三十"三个字采用象征着高贵、光荣、辉煌的金色进行书写,字的背部雕刻着龙和祥云的符号,左下角有"烤麦香"三个字。

人类作为万物灵长,与其他动物的一个重要不同是我们会使用火,火给人类反馈的就是熟食。商丘、亳州这一带是火神燧人氏的故里,当人类用火加工五谷时便会散发出一种香味,比如用火将小麦烤熟时所散发出来的香气,这是我们味觉的基因,是我们味觉的记忆。

"年份原浆·年三十"这款酒它在外观上使用了灯笼的造型,祥云、龙的符号,整体设计非常简洁,体现了道家"大道至简"的韵味,它的香型"烤麦香"代表着我们的味觉记忆,我认为这是能够完整呈现中国传统文化、中国年文化的一款酒。这就是我对于"年份原浆·年三十"产品背后的年文化内涵的理解。

四、年酒背后的仪式感

对于如何将"年份原浆·年三十"喝出仪式感，我认为第一个层面是精神层面，要对中国传统文化有所理解，要有礼的概念。仪式感就是要注重礼，明白喝酒的缘由和大年三十喝"年份原浆·年三十"的意义，这既是对中华五千年传统文化的敬畏，也是在精神层面对仪式感的加持。

第二个层面是小家团圆，要借助喝酒联系与亲人的感情，感受团圆的幸福。现代家庭基本上是三四口之家，早早与父母、兄弟姐妹分家，因此聚在一起就可以借喝酒的方式一起回忆过去美好的时光，同时勉励下一代人记住无论未来到哪里工作和生活，都要在大年三十这一天回到家乡。

第三个层面是喝出年味，在大年三十这天喝"年份原浆·年三十"。贡华南老师曾提到"年份原浆·年三十"有意义，也充满意味。其意义是指"年份原浆·年三十"这一天昭示一年的结束，新一年将在这一天结束后开启。其意味是指我们不仅要知道大年三十是春节，同时也要深刻理解我们的祖先为什么将它作为一年的终结、一个新的起点，我认为他们是想给我们传递向美好的未来出发，"忘记过去，放眼未来"这种生活方式和理念。

对于直播间的"古粉"来说，最重要的仪式感就是在大年三十这一天与家人、朋友共同举杯"年份原浆·年三十"。古色古香的"年份原浆·年三十"就是从远古时代来到了今天，它穿越了五千年的时光，当我们举杯"年份原浆·年三十"的时候，我们内心便产生一种仪式感，在内心深处感应到自己和自己的祖先在同一天、同一地点一起举杯，一起感受合家团圆的喜悦。所以我觉得我们在大年三十这一天，一定要喝古井贡酒，喝"年份原浆·年三十"，这就是最大的仪式感，也正如贡华南老师所提到的"意味深长"。

古井贡酒作为中国老八大名酒，伴随着几代人的成长，在岁月长河中见证了中国改革开放促发展取得的各项荣誉、每个游子排除万难归故乡后脸上的笑容，真真正正配得上"中国人的年酒"这一称号！

作者简介：于瑞，美酒霞客创始人、于瑞定位机构董事长。

兴福寺古碑背后的历史故事

杨老黑

大家都知道古井贡酒之所以叫古井贡酒，是因为一口古井魏井和历史上多次进贡皇帝。曹操将《九酝酒法》进贡汉献帝，宋真宗赵恒于大中祥符七年（1014）来亳祭拜老子，下诏每年进贡朝廷当地酒两万斤，万历年间沈阁老沈鲤以家乡"减酒"入宫进奉，光绪年间亳州人姜桂题将此酒进献慈禧太后。这些说明自汉以来，古井贡酒的生产和经营就没有断绝，而且传承有序，多次进贡。最近又有新的发现，可以推断在明朝古井镇就是朝廷用酒的生产基地，专为皇家生产贡酒。

牛集镇安溜大隅首对面，惠济河北岸有一块古碑，去年夏天突然引起高度关注。这块碑古已有之，在此地树立多年，一直没有引起重视，为什么这时候掀起了波澜呢？是因为有一个热心保护文物的人蒋建峰先生，将此碑文解读了出来，内容令人惊奇，值得研究。为此蒋建峰还带我和作家杨小凡、杨勇等人专门去看过此碑，并呼吁政府保护。目前保护工程已经完成，相关部门在石碑上加盖了碑亭，以防人为移动和破坏。

中国作家协会会员、中国美术家协会会员、亳州市作家协会副主席杨老黑发言

关于这个碑有许多民间传说，这里暂且不谈，我重点谈一谈碑文的部分内容。这个碑名为《重修钦赐归德府牛寺孤堆官庄兴福寺记》，碑文里明确提出"官庄"，这个官庄的主人就是明宪宗朱见深的弟弟徽庄王朱见沛，也就是说这个官庄是皇庄。这个皇庄多大呢？碑文记载得很清楚，以牛寺孤堆（今安徽省亳州市谯城区牛集镇）为中心，南到安溜集，北到河南鹿邑枣集（今河南省周口市鹿邑县宋河镇），东到魏岗马场，西到河南鹿邑马铺镇，大约有土地十万亩，减店集（今安徽省亳州市谯城区古井镇）就在皇庄的范围之内，离牛寺孤堆不过几里路。

有意思的是碑文中明确记载有一名"镇守太监驻牛寺孤堆"，这个太监名叫廖堂，是一名御用监。御用监是专门负责采购皇家用品的，如驻景德镇就是监造瓷器，派到江浙采购丝绸，派到云贵采购名贵木材等等，都是为了当地大宗特产而来。

那么，派一个御用监驻在牛寺孤堆（牛集镇），采购什么东西呢？答案只有一个——酒，理由有六：

一是当朝正德皇帝爱喝酒。正德皇帝无论到哪里，身边总有太监手捧酒坛和酒舀子，随时随地，想喝就来两口。

二是当地产酒。酒是我们亳州的大宗特产，这一点历史考古可以证明，考古发现古井功勋池"正德十年池"与古碑立碑时间在同一时期，前后只相差五年。

三是"公兴槽坊"名称来由。大家都知道古井贡酒的前身是公兴槽坊，但是为什么叫"公兴槽坊"？一直说不清楚，这个碑文被解读以后，大家明白了，原来"公兴槽坊"就是徽庄王官庄兴办，专门为皇帝酿酒的，不是私人所有。

四是漕运发达，运输方便。减店集距离兴福寺十几里路，从这里上船走水路，入涡河、淮河、大运河，可到达京城。

五是驻扎军队，保护生产。碑文记载在马场集和鹿邑驻有军队，在此驻军很有可能就是为了保护贡酒的正常生产和运输，否则没有必要在这里驻军。

六是其他佐证。牛集镇康店村出过一个大太监,我小时候听老年人讲过,这个太监是为皇帝穿衣服的,当地人称康撩衣,是皇帝最亲近的太监。康撩衣在老家康店建有庄园,死后葬在康店,他的墓"文革"时被扒毁,我叔叔见过这个墓的墓志铭,铭文具体内容记不住了,但对"大明太监"这几个字印象深刻。康店离京城很远,为什么会出一个大太监? 很可能与驻牛寺孤堆的御用监有关,他在当地收养一个干儿子(明朝太监有认干儿子的习俗),带进京城,经过培养,成为皇帝身边的人。

作者简介:杨永超,笔名杨老黑,中国作家协会会员、中国美术家协会会员、亳州市作家协会副主席。

亳州酒风漫谈

杨永超

一、亳州酒风的表现

亳州人饮酒的风格可以用三个词来形容：热情、热烈、热闹。

热情，故友新交，只要一见面，就设酒招待：端起高升杯，古井达三江；来的都是客，喝酒没商量。亳州人请人吃饭不叫吃饭，叫喝酒，菜可以凑合，酒不能凑合，要喝好酒，酒比菜贵，豪爽大气，情感真切，热情似火。

热烈，只要往酒桌上一坐，先喝酒，后吃菜，先来三大杯，此是古礼，源于道家的"一生二，二生三，三生万物"。亳州人喝酒还有一个特点，客人喝多少，自己喝多少，绝对不比客人少，而且要喝到位。亳州人不嘲笑喝醉酒的人，醉酒人常有，尤其是在过年亲朋好友相聚的时候。

我讲一个真实的例子，俺集上有个杨老三，过年时老表来走亲戚，是骑自行车来的。当然要喝酒，还请几个人陪酒，老表喝多了，杨老三推着自行车将他送回家。到家后老表醒了，说啥也不让杨老三走，必须吃了饭再走，表嫂子弄几个菜，又接着喝到天黑，把杨老三喝得吐黄水。老表又反过来送杨老三回家，杨老三喝得太多了，坐不住自行车，老表就用架车子套上小毛驴，把杨老三抬到架车子上，盖着被子。老表也坐在架车子上，赶着小毛驴上路了。走到半道上，天上忽然下起鹅毛大雪，不一会大地一片白茫茫，路也看不见了。老表本来也喝多了，这时早在架车子上睡着了。大雪覆盖了道路，毛驴迷路了，晃晃当当走了一夜，等天亮两个醉鬼醒来，抬头一看，前面巍然出现一座城，两人以为在做梦，向路人一打听，才知道到邻近的河南商丘了。

热闹,亳州喝酒讲究气氛,大杯喝酒,大碗吃肉,大声喧哗。主人设下宴席,喝酒的主力往往是这些陪酒的。陪酒的都很卖力,就是自己醉成一摊泥,也要把客人陪好。划拳、猜有无、杠子老虎……各种行酒令轮番上演,巧舌如簧,妙语如珠,浑身本事使出来,只为——劝君更尽一杯酒,今朝不醉待何时。酒桌越热闹,主人越高兴,如果酒桌冷冷清清,主人就很没面子,说明人缘不好。没来过亳州的人还以为在吵架,其实这是误解,热闹不等于粗野,正是亳州人豪侠仗义,有古君子之风的真实一面。

二、亳州酒风形成的原因

那么亳州酒风为何如此呢?凡事皆有因,酒风的形成不是一朝一夕,而是地理环境、历史文化、风俗民情综合作用的结果,而且内涵丰富、多姿多彩。

地理环境,亳州地处淮河以北,冬天比较寒冷,喝酒可以御寒,有对酒的需求。

生产条件,亳州广袤平原,土地肥沃,物产丰富,粮食充足,古井水天

酒神曹操塑像

然优质,有产酒的条件。

历史文化,亳州历史悠久,文风昌盛,尚武成风,武将辈出,尤其清代,武将众多。文以酒助兴,武以酒壮威,文武皆离不开酒。

风俗民情,亳州民风醇厚,豪放大气。古井贡酒,香味醇厚,酒气刚烈。正是酒滋润了亳州人的性灵,塑造了亳州人的性格,亳州人又将酒的美德发扬光大,代代相传,悠悠不绝。

三、亳州酒风的内涵

亳州酒风内涵丰富,主要体现在以下几个方面。

以酒会友,广交天下豪杰。亳州有一句古话,一个朋友一条路。在亳州人的眼里,朋友就是志同道合、志趣相投的人,挚友难遇,知音难求,遇到朋友则以酒助兴,抒发豪情。亳州人交友还有一个特点,不受地域限制,没有高低之分,只要有共同的理想抱负、兴趣爱好就能成为朋友,甚至成为莫逆之交。所以在亳州能看到一种现象,只要外地有朋友来,主人立即呼朋唤友,来一大桌子朋友,陪客喝酒,谈天说地,抒发豪情,给客人留下深刻印象。其实主人请客喝酒,不一定有事相求,而是一种发自内心深处的愿交天下英雄的情怀。

有一个外地诗人来亳州,他在亳州并没有朋友,只是文友给他写了一张纸条,"到亳州找某某"。这个诗人到亳州联系上某某后,某某当晚就邀集一大桌子诗人、作家、画家陪他喝酒,开怀畅饮,激情四射。这位诗人从来没见过这样的场面,兴致高昂,激动万分,热泪盈眶,由衷感叹:"三生有幸到古谯,满桌皆是曹孟德。"

四、酒对药都的贡献

以酒助商,推动经济发展。从某种意思来讲,亳州是一个商业城市,亳州是中国四大药都之首,历来商贾云集,药商活跃,遍布九州,只要有中药的地方都能见到亳州人的身影。据统计,亳州目前有百万药农、十万药商,药品生产企业两百多家,中医药产业规模达一千四百亿元。亳州药业

为何取得如此业绩,是与药商分不开的,而亳州药商行走天下,千年不败的秘诀——古井贡酒。酒是黏合剂,又是润滑剂,商人通过古井贡酒拉近与客户的感情,赢得客户的信任,维持与客户的关系,不仅能获取利润,而且可以推进产业发展,使之成为亳州一张响亮的名片。

春节快到了,我去给朋友发几箱酒。在物流园看到许多人在往外地发酒,待发的酒堆得像小山一样,这些酒都是亳州人送给外地朋友的年礼,一箱酒看似不重,但在朋友眼里却弥足珍贵,喝到肚里更是温暖如春,这友情还有不长久的吗。

亳州商人中有许多因酒交友,成就大业的例子,我来讲一个。亳州有一个小伙子叫傻宝,家境贫寒,卖耗子药混口饭吃,平时住在一个小旅店。有一年亳州开药交会,小旅店里来了一位外地客人,与傻宝住一个房间。傻宝问客人是干啥的,客人初到亳州,人生地不熟,留了一个心眼儿,他从房间里放的道具已经看出来傻宝的营生,就说自己也是卖耗子药的。傻宝一听是同行,十分热情,到街上买了几个卤菜,打了半斤散酒,请客人喝酒。喝酒时外地客人问当地有没有好酒,傻宝说:"有古井贡酒,你等一会儿!"说完就出门了。他卖耗子药一天挣不了几个钱,买酒买菜已经花完了,怎么办呢?他把自己的皮夹克脱下来,换了一瓶古井贡酒,返回旅店时冻得浑身发抖。客人心里明白,却什么客气话也没说,打开酒瓶就喝。傻宝与客人在一起住了三天,请客人喝了三回酒,钱都是借的。客人要走了,临分别时给他留下一张纸条。傻宝展开纸条一看,上面写的是地址和中药名称,立即明白了怎么回事,于是回家与老父亲商量,将家里的牛卖了,卖牛的钱全部买成中药,按照地址送到沈阳,原来客人是一个药厂的大老板。大老板见傻宝送来的药不仅质量上乘,而且价格适当,全部收下,并且安排他继续送药。傻宝赚到第一桶金,回到亳州,将赚来的钱一半用来买古井贡酒,一半用来采购中药,如期送到沈阳。如此交往多年,大老板经过考察,发现傻宝不仅聪明,最可贵的是品质诚实,最后将女儿许配给他。以后的事不需多说了,傻宝因一次偶遇和古道热肠,成就了大事业,成为亳州药业巨商。

五、酒德见人品

以酒识人,确定铁交情。亳州有一句古话——酒德见人品。一场酒喝下来,你这个人是什么样的人,可交不可交,便看出了七八成。够朋友的继续交往,不够意思的渐渐疏远,不再来往。能经常坐在一起喝酒的人都是挚友,可以共商大计,谋划未来,甚至委以重任,托付终身。

我再讲一个真实的例子,我邻村有一个宋老四,此人其貌不扬,又矮又黑,家中弟兄六,家境贫困,但他却看中了本村的村花。这个村花不仅人长得漂亮,而且家境富裕,村花的爹有烧窑的技术,有一个砖窑厂,烧造青砖。怎样才能把村花娶到手呢?宋老四想到一个主意,他四处要武卖艺,挣来两瓶酒钱,就买两瓶古井玉液(那年头古井贡酒一般人买不到)到村花家,与村花爹喝酒。两瓶酒两人喝完,村花爹醉了,宋老四没醉,直奔窑厂,脱掉小褂,甩开膀子,摔砖坯子,白天干完活,晚上就在窑厂住下来,第二天接着干,直到砖坯子够装一窑,才离开窑厂。离开窑厂后,他又去卖艺,等攒够两瓶酒钱,就拎着两瓶古井玉液找村花爹喝酒,喝完酒又去窑厂摔砖坯子,如此这般,整整一个夏天,宋老四跟村花爹喝了一箱酒,摔了三窑砖坯子。最后村花爹终于开口,将闺女许配给他。其实村花爹也在观察老四,他发现这小子有三样好处:一是能喝酒,能喝酒就能办大事;二是这小子能吃苦,三窑砖坯子可不是好摔的;三是这小子聪明,有几个点子,在社会上能混,闺女跟着他不会受穷。村花爹没有看错人,改革开放以后,宋老四很快就发达了,成为一个包工头,朋友一大堆,混得风生水起,家庭和美。村花给他生了三个闺女一个儿子,都培养成大学生。后来宋老四选女婿,有一个硬条件,必须有半斤酒量,少了免谈。

作者简介:杨永超,笔名杨老黑,中国作家协会会员、中国美术家协会会员、亳州市作家协会副主席。

意蕴深厚的酒文化

杨 勇

中国是酒的故乡，酒和酒文化在中国社会具有举足轻重的地位。酒不仅仅是一种饮品，经过几千年的发展，它已经渗透到人类社会生活中的各个领域，对人文生活、文学艺术、工农业生产各方面都有着巨大影响。其中，最具代表性的就是酒文化，它已经作为一种文化符号，创造了诸多卓绝的文化珍宝。

亳州市作家协会副主席、谯城区作家协会主席杨勇发言

一、酒神曹操与《短歌行》

在中国历史上，酒圣是杜康，酒仙是李白。酒神是谁呢？曹操！他不仅是古井的酒神，也是中国的酒神。我的依据有三：

依据一：曹操是历史上记载酿酒配方和工艺的第一人。建安元年（196），曹操向汉献帝进贡九酝春酒，并对酿酒配方和工艺加以改良。在曹操上奏的《奏上九酝酒法》中记载："臣县故令南阳郭芝，有九酝春酒。法用曲二十斤，流水五石，腊月二日渍曲，正月冻解，用好稻米，漉去曲滓，

155

酿……三日一酿,满九斜米止,臣得法,酿之,常善;其上清,滓亦可饮。若以九酝苦难饮,增为十酿,差甘易饮,不病。今谨上献。"这个配方通过奏章保存了下来,是中国历史上关于酿酒配方的最早记载。杜康为何被称为酒圣,因为他发明了酒,可惜他的酿酒工艺没能留存下来。而曹操是第一个留存酿酒工艺的人,所以其贡献是很大的。

依据二:曹操是一个爱酒又能喝酒的人。李太白曾言:"古来圣贤皆寂寞,唯有饮者留其名。"曹操可以称得上是李白所说的"古来圣贤"。《十国春秋》记载:"文王饮酒千钟,孔子百觚。"周文王能喝一千盅,孔夫子能喝一百大杯,这些圣贤都善饮酒。那曹操能喝多少?有人曾问过曹操这个问题,只见曹操伸出一根手指头。一杯?一斗?一缸?曹操连连摇头表示:"朝日乐相乐,酣饮不知醉。"这句诗出自曹操的《善哉行》,意思是:我从早上开始喝,喝上一整天,一直喝,就是喝不醉。古井贡酒在20世纪80年代推出过一款白瓷瓶的酒,瓶身上曹操手持酒爵,旁边配的就是这两句诗。

依据三:曹操的文学造诣极高,创作了许多家喻户晓的作品。李白为何被称为酒仙?因诗得名,曹操和李白一样,是大文学家。在中国人耳熟能详的关于酒的名篇佳作里,我们有几首记忆颇深的诗。一首,是李白的《将进酒》,"人生得意须尽欢,莫使金樽空对月"。另一首,是苏轼的《水调歌头》,"明月几时有,把酒问青天"。再想,你一定会想到曹操的《短歌行》,"对酒当歌,人生几何?"这首诗可谓大众耳熟能详,卓绝不群。

诗歌《短歌行》的意象非常丰富,文学史上对此有很多精彩的解读。有人说这首诗的主题是饮酒作乐;有人说主题是求贤若渴,是结合求贤令来写的。苏轼在《赤壁赋》中创作了名句"酾酒临江,横槊赋诗,固一世之雄也",对曹操进行形象性的解读。1994年版的电视剧《三国演义》,也采取了这种表现方法,曹公站在船头,横槊赋诗,三军齐唱,非常豪迈。2022年,我与研究曹魏文化的梁琼女士交流时谈到了"相和歌"这一概念。我认为,《短歌行》就是相和歌。这首诗是更接近宾主唱和的诗作,是一场酒宴里书记官将宾主之间的相互唱和记录了下来。

《短歌行》全诗共三十二句,如果把每四句分为一段,一宾一主,是四重对答。我们可以设想一种场景,曹操广纳贤才,天下贤才闻风而至,曹操大开酒宴欢迎,席间载歌载舞。酒过三巡,贤才起身,举起酒杯向曹公祝酒,表达感谢之意:"对酒当歌,人生几何! 譬如朝露,去日苦多。"曹操也举起酒杯回敬:"慨当以慷,忧思难忘。何以解忧,唯有杜康。"这一问一答就是个开场白。酒是最好的媒介,又是最好的话题,宾主间举杯同饮,逐渐进入宴会正题。

　　"青青子衿,悠悠我心",宾客这句诗引自《诗经》。其一是表明自己的士子身份,其二是表明自己来这里的诚意。这句诗实际上是宾客的自我推介。"但为君故,沉吟至今",宾客想要表达:为了效劳您这位明主,我洁身自好,并没有在其他主公那里任过职。言外之意是,您应该更加重视我。曹操也是个聪慧机敏的人,他回答:"呦呦鹿鸣,食野之苹。我有嘉宾,鼓瑟吹笙。"这句诗也是引自《诗经》,表达对贤才的渴望之情。曹操的言外之意是,为了迎接你们这些才子,我已经摆出了最隆重的仪式款待各位,我的诚意你们应该感受到了吧。

　　接下来进入主宾问答的第三个环节。我们想一下,天下英才投奔曹操,最关心的是什么? 人才来应聘,关注的一个是待遇,另一个就是发展前景。文人的性格较为含蓄,所以宾客进行了很隐晦的抒情,"明明如月,何时可掇? 忧从中来,不可断绝"。宾客想要借此诗表达渴望建功立业的情怀。周公瑾舞剑作歌:"大丈夫处世兮立功名,立功名兮慰平生,慰平生兮吾将醉,吾将醉兮发狂吟。"这是当时士子共通的情感:建功立业,方才不负此生。但功业就像天上的月亮一般高不可攀,况且时光易逝,宾客们恐时不我待,难免会产生忧虑的情感。于是借此话试探曹操。曹操是个爱惜人才的人,直言:"越陌度阡,枉用相存。契阔谈讌,心念旧恩。"意思是,我知道你们跨越千山万水来到这里很不容易,我们以前就有很深的交情,我对大家的才能也很认可,因此请大家放心,在我的麾下一定使大家大有可为。

　　接下来是第四轮对答,也是最后一轮。宾客进行了最后的提问和试探:"月明星稀,乌鹊南飞,绕树三匝,何枝可依。""凤凰非梧桐不栖",凤凰是神鸟,宾客自然不能自比凤凰,所以谦逊地自比乌鹊。曹操后来筑铜雀台,可见鹊在当时也是好鸟。良禽择木而栖,意指:你曹操究竟是不是那棵梧桐树呢? 曹操不愧为雄主,胸怀广阔的气量和抱负,他的回答吐露了自己的心声:"山不厌高,水不厌深。周公吐哺,天下归心。"他的抱负何等博大,以周公为志,与他相比,其他诸侯或为冢中枯骨,或为守户之犬,都称不上天下英雄。这样的表态,其实就是给这些前来投奔的士子们承诺。主公有抱负,臣子才会有建功立业的机会。至此,宾客们既得到了重视和即将重用的许诺,也有了对光明前景的展望,经过这一番交流,才子们的疑虑尽消。于是大家一同端起酒杯,开怀畅饮。

以上是我对《短歌行》这首诗的分析和理解。这首诗,虽然是书记官对宴会现场的记录,不完全是曹操个人的文学创作,但深刻楔入了当时的时代背景,通过对人物心理的刻画生动细腻地展现了曹操求贤若渴的心境和远大抱负,称得上一首流传千古的佳作。

曹操的《短歌行》庄重典雅、内容深沉,充分展现了其雄浑雅健的诗品。他在诗歌、散文、建安文学等方面取得的成就极其卓越,留下了许多传世佳作。当然,我们要谈曹操,就免不了谈"三曹"。

2022年9月,著名诗人陈先发先生到亳州参加首届曹操诗歌节活动。在研讨会上,他提出,历史上"三曹"的地位并不亚于"三苏"。受陈先生的启发,我研究总结后认为,曹操父子在中国文学史上占了四个鼻祖。

一是作品署名的鼻祖。在他们之前,诗歌创作是不署名的,例如《古诗十九首》《乐府诗集》等,收录的都是无名氏的作品,而"三曹"的创作,才是真正有意识的诗人创作、文人创作。二是文坛的鼻祖。文坛就是圈子,文人聚集在一起搞创作、搞活动,品评高下。封建统治下,文学创作长期受政治和社会环境的束缚,很难形成文风开放、表达自由的文坛。而在魏晋时期,以"三曹"为核心,团结了"七子",形成了"邺下"文人集团。这在中国文学史上是前所未有的大事,也诞生了所谓第一个"文坛"。三是文学评论的鼻祖,曹丕的《典论论文》是公认的中国第一篇文学批评论文,也是汉魏文学批评史上的重要文献。四是中国古代文学最大的一个门类——七言诗的鼻祖。七言诗延续了几千年仍长盛不衰,当说起第一首七言诗,一定是曹丕的《燕歌行》。三曹父子在中国文学史上留下了浓墨重彩的一笔,其中曹操的文学地位是最高的。

酒不但在诗词歌赋等文学作品中被广为引用创作,成为文人所喜爱的"阳春白雪",而且还创造性地与"令"相结合创造出酒令这种文化艺术,并广为流传。亲朋团聚、举杯同庆、开怀畅饮时,免不了玩些游戏助助兴。古人饮酒作乐时,常常以酒令助兴,带动聚会的热闹氛围。

二、《红楼梦》中的酒令文化

酒令的兴起与军队有关。军队出征作战,凯旋后,会被赏赐美酒羊羔。军队士兵众多,赏赐经常出现不够分配的情况。因此,就想到通过行"令"的方式赢得赏赐。酒令大似军令,很多酒令中都能看到军队的痕迹。比如,投壶要用到箭,击鼓传花要用到鼓,这些都是古代军队里的器物。流入民间后,行酒令的方式更加丰富。古代酒令基本上可以分为两类。一种叫雅令,是文人间的游戏,例如词牌、曲牌、诗词歌赋、古文、四书五经、猜字等。文人将文化融入游戏里,叫雅令。另一种叫通令,是日常老百姓也可以玩的游戏,例如拇战、汤勺令、击鼓传花等,拇战类似于现代人玩的划拳,这些都是平民百姓玩起来没有难度的游戏。

《红楼梦》在描写大观园中的生活时,善用酒令来表现书中人物的雅致情趣,并暗喻其命运走向。例如书中第六十二回,宝玉的生辰宴上众人就玩了一些有趣的酒令。宝玉生日是农历四月二十六,这天是芒种,也是饯花节。芒种一过,便是夏日,众花皆谢,花神归位,宫中女儿要摆出瓜果酒水为花神饯行,故也称饯花节。这天是贾宝玉、薛宝琴、平儿和邢岫烟四人的生日,大观园里摆了两场宴席进行庆贺。

午宴摆在了红香圃,三春、黛玉、宝钗、李纨几人前来赴宴。宝玉言:"雅座无趣,须要行令才好。"众人有说行这个令好的,又有说行那个令好的。黛玉道:"依我说,拿了笔砚将各色令都写了,拈成阄儿,咱们抓出哪个就是哪个。"众人共出了十几个酒令。平儿用箸夹了一个出来,打开一看,纸条上写着"射覆"二字。宝钗笑道:"把个令祖宗拈出来了。射覆从古有的,如今失了传。这是后纂的,比一切的令都难。这里头倒有一半是不会的,不如毁了,另拈一个雅俗共赏的,便叫他们行去,咱们行这一个。"说着,又叫袭人拈了一个,却是"拇战"。在《红楼梦》中,最雅的酒令就是"射覆",最通俗的酒令就是"拇战"。曹雪芹善用对立,将最雅与最俗放在一起使用。行"射覆"的规则是,两人一对,一人覆,一人射。其中一人选择一个字作为谜底,用另一个字指向这个字,再让另一个人猜。另一个人心中有答案后需再用一个字去指向这个谜底。这个游戏讲究心心相印、惺惺相惜,是知音人之间的游戏。

宝钗和探春对了点子,探春便覆了个"人"字。宝钗笑道:"这个'人'字泛得很。"探春笑道:"添一个字,两覆一射,也不泛了。"说着,便又说了一个"窗"字。宝钗一想,因见席上有鸡,便猜着探春用了"鸡窗""鸡人"二典,所以射了一个"埘"字。探春知她射着,用了"鸡栖于埘"的典,二人一笑,各饮一口酒。为何"鸡"字为谜底呢?李商隐在《马嵬坡》中写道:"空闻虎旅传宵柝,无复鸡人报晓筹。""鸡人"是皇宫中报时的士兵,书斋又叫鸡窗。《诗经·秦风》记载:"君子于役,不知其期。曷至哉?鸡栖于埘。""埘"指在墙上打洞做的鸡窝,故薛宝钗射了"埘"。两覆一射指向"鸡",谜底解开,两人相视一笑。

大家轮流玩了一阵,李纨和邢岫烟对了点子。李纨覆了一个"瓢"字,岫烟便射了一个"绿"字,二人会意,各饮一口。曹雪芹在书中并未对此进行解读。个人认为,这个谜底是"酒"字。何出此言?我想,韦应物的名句"我有一瓢酒,可以慰风尘"与白居易的佳作"绿蚁新醅酒,红泥小火炉。晚来天欲雪,能饮一杯无?"便可将其关联起来。

通过这两个例子,可以说明越是雅的东西越沉闷,越是俗的东西越热闹,流传越广。射覆在古时曾失传,后来经过改良又恢复使用,但现如今又失传了。而拇战和划拳流传千载、绵延不绝。这是俗与雅的辩证关系。根据雅与俗的标准,可以将《红楼梦》中的人物进行细致划分。第一类是"俗而能雅",这类人善于交际,和谁都能打交道,但也有自己独到的见解。

在《红楼梦》中能做到此境界的只有贾母一人。第二类是"雅而能俗",代表人物是薛宝钗。第三类是"大雅不俗",代表人物是林黛玉。第四类是"能雅能俗",代表人物是史湘云。第五类是"大俗不雅",代表人物是薛蟠,从他和贾宝玉喝酒时行的女儿令就足以说明他是个很世俗的人。

午宴结束后,宝玉仍不尽兴,于是和院内丫鬟商量晚间在怡红院开夜宴。行令时,宝钗抓到一签,签上画着一枝牡丹,题着"艳冠群芳"四字,下面又镌了行唐诗"任是无情也动人"。黛玉掣着一根,上面画着一枝芙蓉花,题着"风露清愁"四字,那面一句旧诗,道是:"莫怨东风当自嗟。"注云:"自饮一杯,牡丹陪饮一杯。"麝月掣出的这根签很有深意,上面是一枝荼蘼花,题着"韶华胜极"四字,还有一句旧诗,"开到荼蘼花事了"。麝月不懂,忙问此签怎么解。宝玉皱皱眉儿,忙将签藏了,说:"咱们且喝酒罢。""一声杜宇春将近,开到荼蘼花事了。"春季最后绽放的花,一种是荼蘼花,一种是芍药花。"荼蘼花事了",荼蘼花已经尽情绽放,只留下凋零的宿命,这个寓意是不吉利的。宝玉是个有宿慧的人,他明白这句诗的意思,但他想要沉迷在梦之中,不愿醒来。

前有"憨湘云醉眠芍药裀",后有"开到荼蘼花事了",芍药和荼蘼都是好景将尽的象征。曹雪芹运用伏笔法,写一笔,再描一遍,暗喻大观园的兴衰变迁。这场晚宴与其说是曹雪芹对现场的细腻写实,不如说他描写的只是贾宝玉的梦境。这场梦也许从午宴酒醉就开始了,因为不合理之处很多,一切更像是宝玉心中的理想状态。如丫鬟送来茶,薛宝钗和林黛玉共饮一杯,按理说,黛玉和宝钗的和解没到这种程度,这只是宝玉所期待的钗黛关系。又例如,众人齐聚这个小姐丫鬟同坐、没有等级束缚的"荒唐"宴会。这些都是贾宝玉反抗封建礼教、主奴意识的自由幻想。

中国是酒的王国。中国酒,品种之多、产量之丰,堪称世界之最。在这片神州大地上,以酒为载体,诞生了精彩纷呈、雅俗共赏的酒文化,并千年延续,万代传承。

作者简介:杨勇,亳州市作家协会副主席、谯城区作家协会主席。

四　同饮一盏"中国年"

让天南海北的国人都能共饮一盏"中国年",感受浓浓的年味儿。

翰墨酒香寻年味儿

刘 伟

年的味道,是记忆中最深的一抹乡愁;年的味道,是成长中是靓丽的青春底色;年的味道,随着岁月的老去而历久弥香。

一

对年最初的味觉记忆,竟然源自错饮的一口白酒。

那一年我五岁,母亲在缝纫机上"哒哒哒哒"缝制出来的新年"礼服",在阳光下闪烁着熠熠的亮光——为了这一身新衣服,我从一进腊月就厮磨在母亲的缝纫机旁,看着她拿着粉笔横一道竖一道、斜一道弯一道在扯回来的布料上划好线,然后操起裁缝师的大剪刀,把布料剪成一片一片的,给布料锁边的活要交给专业的裁缝,也就是隔壁刚娶进门的新婶子去完成。新婶子唇红齿白的样子真可人,一村的人刚刚吃过她过门的酒席,我还是和堂叔一起去娶亲的"压车娃"呢,迎亲回来的路上,我被颠簸得拖拉机晃睡着了,就在新婶子的怀里。

新婶子心灵手巧,人还没有过门,好手艺的名声就已经传得满村遍知。随她一起娶进门的,不仅有裁缝的手艺、工具,还有陪嫁的那一大坛子好酒。新婚那天很多人都喝醉了,脸上泛起红光,白胡子爷爷拉住鼻嘴子娃(即小朋友,编者注)称兄道弟,娘家客和本族自家人挤在了一条长凳上拉不开身。正是在这个婚宴上,因为一个半大不大的堂哥使招,骗我喝了人生的第一口酒。他骗我说是甜醪糟,当我喝进嘴的时候,一股强烈的灼烧感瞬间涌到头顶、传遍全身,虽然旋即就吐掉了,但是那个味道却永远留在了记忆中。

母亲做好的新年"礼服",在我身上试过之后就被放进木箱了。酒一样醇厚的年味尚在发酵中,我的忍耐就见了瓶底,母亲对我说:"汽不圆咋能揭锅呢,年三十后晌就能穿新衣裳了。"于是我就跟其他小伙伴一起掰着手指数日子。在此起彼伏的响炮声中,各家各户的年猪肉已经从二梁被摘了下来;用来炸油饼、油豆腐的长竹筷子在油锅里上下翻飞;用来待客的茶食盘子和酒壶也从灶屁格子里拿了出来,擦去了积了一年的尘灰,洗了一遍又一遍,就等着打回来的散酒灌进去,过年的时候招待娘家、舅家、姑家的贵客上门呢。

街巷里,鼻嘴子娃一边跑一边喊:"弄啥好?过年好。吃肉菜、喝烧酒、吃白面、砸核桃,老汉着气娃热闹。"随着一遍一遍传唱的歌谣,二十三送灶王、二十四扫房子、二十八把面发、二十九贴对子、三十后晌请神轴儿,新衣服一上身,年就真的到了。

二

一年一年,年岁在长,年也在长,礼服变成了常服,新婶子也变成了老婶子。当年穿针引线的灵巧,也被日渐时髦的广东货、温州货代替。对于我来说,过年最大的乐趣和最烦累的工作,就是从一放寒假回到家一直到大年三十晚上春晚播出以前,支起桌子给四邻远近的乡党写春联。有时候不光在本村写,好几次还应邀到同学家里给邻村的人写。

我对书法的喜爱源自电视剧《三国演义》的热播,三国里的故事让我痴迷。也是那一年我认识了住得不远、关系也不太远,但是从来没有见过面的一位姨伯父。那个时候他刚过四十岁,是他们村为数不多的上过高中、见过大世面的能人,为人耿直,说话声如洪钟,两颊红里透黑,大高个子略微有点驼背,能写一笔好字,农村一应红白喜事各种文白夹杂的应用文张口就来。最关键的是,他和我一样,是一个超级三国迷,任何一个典故在哪一回哪一段,他都烂熟于心,包括诸葛亮老丈人黄彦成吟诵的"骑驴过小桥,独叹梅花瘦",他也能咿咿呀呀吟唱得有声有色。

我被这位新结识的姨伯父深深地折服。在他的影响下,我慢慢掌握了春联的平仄对仗,懂得了书写春联的笔法要领。学习春联的过程,也是我学生时代最快乐的时光,有时候是姨伯父一边写一边给我讲,有时候是我一边写他在旁边讲。我至今记得,他写的对联中,最受欢迎的有"对酒歌盛世,酒杯庆升平""屠苏醉饮三春酒,爆竹联欢四化年"这些内容。也许是好酒的缘故,他写对联的时候,总是喜欢往墨汁里加入少许白酒,这样墨色也就氤氲着酒香。乡亲们都说:"三爷的字不仅看着舒服,而且闻着喷喷香。"也是在那一年,红极一时的古井贡酒随着聂卫平"下棋做棋圣,喝酒古井贡"的广告也传到了我的老家。姨伯父酒量不大,但是酒品甚好,所以一进冬月,他被人邀去执事回来,脸上总会挂着幸福的酒气。在酒的作用下,他的字更加龙飞凤舞,得到大家的好评,连主家的脸上都有光。

也不知道从哪一年开始,写春联的时候,我被本村或邻村人拉去坐了上席,被淳朴的乡亲们像谢先生一样让着喝了几回酒。为这事,我还被爷爷训斥过一次,爷爷说:"碎碎个娃,可不敢动酒哩,人家敬你担着,可不敢轻狂呢?施恩不图报,受恩不忘报。"我记下了爷爷的话,不再敢动酒,却也记下了酒的味道,尤其每到过年的时候。

谁承想,我从学校一毕业,就进了曹操老家安徽亳州的古井酒厂,和记忆中的那个味道撞了个满怀。

还记得第一次从西安来古井面试,夜里下了火车,转乘拼座的出租到古井镇,我即刻就被这里热火朝天的景象给惊着了。虽然下过雪的屋檐下坠几寸长的冰凌子,但是整个镇子被往来拉酒的货车搅扰得像白天一样繁忙。在厂里临时安排的职工倒班楼住下后,拎着一大盘钥匙的管理说:"古井镇上的年,要红火好几个月呢。"

随着到古井工作年数的增加,我才慢慢感觉得,"年"对于酿酒人来说,不仅意味着繁忙,更意味着希望。古井人的年是紧张的、踏实的,也充满了激情和力量。当然,对于外乡人的我来说,过年也充满了艰辛和煎熬。从开始的托人买站票、买临票一个人回家,到后来一家三口坐高铁一站式到家,再到每年在哪里过年的内心抉择,真是想起

来满满的都是泪。

三

不知道从哪一年开始，春节还是这个春节，景象和程序一如既往的乏善可陈，备年货、看春晚、走亲戚，以及在无聊中发呆。对于我来说，最艰难的记忆都在往返的路上，十几年来，不论是当初的一个人，还是现在的一家三口，不论是当初没有座位的绿皮慢车，还是现在永远无票状态的高铁，想起来就腿困眼乏。唯一值得欣慰的是，妻女对于这些每次都毫无怨言。

家里最大的变化，就是前年爷爷的去世，那个房间空荡荡的，那个熟悉的沙发我一坐上去，仿佛爷爷就在身边。还有就是逐渐老去的一茬一茬的亲友们，伯叔姑舅辈年龄普遍超过了六十，几位年长的都七十大几了，当年同辈的鼻嘴子娃好多变成了油腻大叔。村里的老人，恍惚有"访旧半为鬼"的感慨，这个生活了近二十年，同样离开了二十多年的地方，突然变得既熟悉又陌生。原来的村子因为行政区划调整，与其他几个自然村合并为一个更大的行政村，原来的小学校早已变成小广场，原来的老宅被整体拆除，变成了冷冷清清的果品交易市场。村里的戏台子上倒是有几个戏迷清唱秦腔，荒腔走板中尽是苍凉。当年的奶油小生，已经垂垂老矣，却依然唱着原来的角色，毫无美感，剩下的只有自我的陶醉。老亲戚们见面的话题，无外乎"对象找好了没有""什么时候结婚""什么时候要小孩，什么时候生二胎"——看三国落泪，替他人操心。

春节之困、春节之惑，困惑的不仅是行程，更是人心中最脆弱、最敏感的神经。为什么那个看似"鸡肋"的年三十，那顿早已稀松平常的年夜饭，那杯熟悉又陌生的三十儿酒，依然是大家千里万里的奔赴呢？

多少年来，我既在一次次的双向奔赴中体味着个中的艰辛，更一遍又一遍地扪心自问。直到有一天，听一位专家说起：年是跨度最长的节日，年是美好生活的精彩写照，年是感恩感谢的最好时刻，年是分享表达的良辰吉日，年是感受亲情的节日，年是承载着儿时的美好记忆，年是永恒的

年是团聚

青年,年是全球华人的标签,年是非宗教的文化节日。我的内心才豁然开朗——年,承载着中华民族最炽热的情感寄托,是它让中华民族这个崇尚内敛的民族有了狂欢的舞台;是它让全球炎黄子孙在这一块维系着精神共鸣;是它既承载一切过往的困难,也昭示一切未来的希望。大到一个国家,小到一个家、一个人,只要说着汉语,书写汉字,就无法在精神上、时空上忽略"年"的存在。

　　年,似乎离我们而去,又似乎离我们更近。以往一年才见一次的亲友,现在在网上随时可以面对面通话;以往一年一次的精神大餐春晚,现在几乎每个地方卫视台都在轮番上演。仅以古井贡酒为例,服务春节的白酒销售,不仅创造着量价齐升的神话,而且演绎着连续八年冠名央视春晚和多个地方卫视春晚的传奇。年,就像这指上的琴声一样,挥之不去,沁入心脾。年文化的魅力,也许正在于此,就像记忆中的老家和母校一样,只许我在心中埋怨千遍,不能让人在嘴上非议一回。

"烤麦香"里说丰年

李　虎

八百多年前,宋朝的著名豪放派词人辛弃疾写出了一首另类的脍炙人口的田园词《西江月·夜行黄沙道中》,流传至今。"明月别枝惊鹊,清风半夜鸣蝉。稻花香里说丰年,听取蛙声一片。七八个星天外,两三点雨山前。旧时茅店社林边,路转溪桥忽见。"这首词描绘了一幅生动的农村生活图画,构成了一支悦耳的夏夜田野交响曲。尤其是"稻花香里说丰年",流露出作者对丰收之年的喜悦和对田园生活的热爱。此时此地,词人与人民同呼吸的欢乐,尽在言表。

稼轩居士生活的宋朝,常以清平之乐为人称道。近些年,宋朝热在社会上兴起,许多影视剧都向人们展示了宋朝的繁华。著名历史学家齐夏先生曾指出:"在宋朝统治的300年里,我国的经济文化发展处于世界前列,是当时最先进、最文明的国家。"随着宋朝商品经济的空前发展,市民阶层的出现,宋朝的酒文化也十分兴盛。《清明上河图》中街道纵横,人群熙攘,酒肆茶楼鳞次栉比;《全宋词》提到酒多达四千多次。宋朝酒风浓郁,中原产酒之地众多,尤以亳州为盛,这从当时的酒税中可见一斑。熙宁年间(1068—1077),亳州的酒税征收额达到"十万贯以上"。其实,不仅在宋朝,历朝历代,亳州的酿酒业一直非常发达,其中又以古井贡酒最负盛名。古井贡酒的渊源可追溯到公元196年,曹操将家乡产的九酝春酒进献给汉献帝刘协,自此一直作为皇室贡品,岁岁进贡,代代受宠。

不少人推崇的宋朝早已湮没在历史的长河里,但中国人对于美好生活的追求一直没有改变,对于丰年的渴望一直没有改变。如今,在中国共产党的领导下,人民安居乐业,一个伟大的时代已经到来,一个丰年的图景徐徐展现。中国白酒是历史的传承、文化的基因、民族的符号。美好生活怎能没有美酒相伴？那么究竟该用什么样的酒来礼敬中国年，叙述中国年呢？古井人给出了自己的答案。近年来，古井贡酒深耕年文化，从年份原浆的横空出世，到"过大年，喝古井，看春晚"的响亮口号，再到酒文化全球巡礼，古井将"酒"与"年"紧密结合。尤其是烤麦香产品"年份原浆·年三十"的应运而生，以及中国白酒首届年文化论坛的成功举办，更是将酒与年完美交融，将年文化提到新的高度。古有"稻花香里说丰年，听取蛙声一片"，今有"'烤麦香'里说丰年，喝彩时代新篇"。

烤麦香散发着粮食的香，代表着年味。烤麦香即小麦刚成熟时微微熏烤所散发出的诱人香味，青碧一把，燎麦飘香，糯滑香甜，余香在口，回味良久。这种味道，是国人难以割舍的乡愁，是中国农耕文明的深刻烙印，是中国年、中国味的专属符号。亳州所在的黄淮流域是华夏文明的发源地之一，也是中国酿酒业的源头之一。这里地处暖温带半湿润气候区，四季分明，地势平坦，气候温和，光照充足，雨量适中，非常适宜酿酒原辅农作物的种植生长和各类微生物的活动，为酿造美酒提供了得天独厚的自然环境和生态。据考证，早在五千年前，亳州便已开始种植小麦。在甲骨文中，亳州的"亳"字，下半部分就是一支"麦穗"。亳州的尉迟寺遗址被誉为"中国原始第一村"，为大汶口和龙山两个时期的文化堆积，出土了大量农作物遗存和上百件不同类型的酒杯。1955年，考古学家在亳州钓鱼台村发掘的新石器时代遗址中，发现大量颗粒完好的碳化小麦种子，被中国科学院等有关单位命名为"中国古小麦"，迄今至少有三千年。这些足以证明亳州是我国古代最早种植小麦的产区之一。如今的亳州更有"江淮粮仓"的美誉，是全国重要的粮食生产基地。"酒是粮食精"，近年来，古井在亳州本地以及周边布局了数十万亩的原粮种植基地，将"第一车间"建在田间地头，并依托安徽古井贡酒·年份原浆粮食研究院的科研力量，选育酿酒专用粮，构建从一粒粮食到一滴美酒的全生命周期质量体系，确保烤麦香"粮"心品质，味道纯正。

烤麦香散发着时间的香，代表着年华。众所周知，好酒需要时间的酝酿、岁月的沉淀。在中国白酒界,论历史之久、工艺之复杂、对年份的重视和表达,恐怕没有几家能出古井之右。烤麦香又可谓是古井人秉持长期主义、酿造极致美酒匠心力作、扛鼎之作。烤麦香还有个大名——"古香型",是古井从大浓香中走出来,创新酿酒工艺,酿出的古色古香,具有独特风格的白酒。酿造烤麦香的核心要素被总结为"五古四曲三醅"。古井,传承千年并被评为"国保级"的"魏井"和"宋井",其水质甘洌,pH值呈弱碱性,含有二十多种微量元素,属优质矿泉水。古曲,精选亳州地产优质小麦,融合传统制曲工艺精髓,富集特有的古井千年曲根微生物菌群,制成独特的酿酒曲,也是产生烤麦香的重要来源。古窖,古井保留完善且一直沿用的酿造遗址公园内最核心区域、最古老的那一小部分窖池。窖池群有五百多年的历史,池内被称为"软黄金"的老窖泥,富含六百多种有益微生物菌群。古法,传承的九酝酒法,距今一千八百多年,被吉尼斯世界纪录官方认证为"世界上现存最古老的蒸馏酒酿造方法"。古醅,分别以二粮、三粮、四粮加入古曲后精心制备而成。所谓"四曲",并非四种曲,而是四次加曲,以更好地提供菌源、糖化发酵,塑酒之风骨。所谓"三醅",即甘醅、香醅、酥醅,三醅生香,香气更加丰富而有层次。此外,烤麦香还有U形堆积、泥石二窖、多轮发酵、无极酒窖窖藏等特有工艺,每一个环节都需要复杂的技术和时间的淬炼。悠悠岁月久,滴滴烤麦香。人们常说,只有到了一定年纪、拥有人生阅历的人,才会爱上白酒。烤麦香恰是饮者与时间对话的绝佳伴侣,微醺之后,畅快豁达,神游天地,不亦乐乎。

烤麦香散发着文化的香,代表着年俗。中华文化源远流长,博大精深,是中华民族的精神命脉,是涵养社会主义核心价值观的重要源泉,也是我们在世界文化激荡中站稳脚跟的坚实根基。谈到中华文化,不能不提两样东西,一个是酒,一个是节。酒文化是中国传统文化中最具特色的部分之一,蕴含着浓厚的民族特性,它与中国的农耕文化、烹饪文化、传统发酵酿造技艺、中医、饮食民俗、饮食文艺等人文、社会生活都息息相关。节日文化则是中国人在繁衍生息过程中勤劳和智慧的结晶,蕴含着顺应自然、天人合一的思想,包含着对祖辈、先贤的追思,寄托着对平安团圆的祈盼。其中,年作为中国人最重要、最隆重的节日,是全球华人共同的精神图腾和家园,是中国人的人文聚焦。"有钱没钱,回家过年",不管外地游子身处何处,都会在年三十这一天回到家中与家人团圆,之后还有守岁、贴春联、祭祖、拜年等一系列的年俗。烤麦香"年份原浆·年三十",巧妙地将白酒和节日文化融为一体,宣示着一种文化自信和回归,触摸到了中国人最柔软的情感。从产品名称看,"年三十"既是品质的表达,又是产品名字,还是一个品类,自带场景和流量,具备很强的辨识度和差异化特征。从设计来看,它的产品设计极具美感,整体造型在年份原浆经典瓶型上进行演绎,中国红的瓶身和竹简造型向世人展示东方美学、中国风格,灯笼象征着幸福、光明、活力、圆满与富贵,底纹以飞龙、祥云为饰,寓意青云直上、吉祥如意。烤麦香"年份原浆·年三十",是古井贡酒与中国年文化契合的直观表现,无疑是最适合中国人的年酒。

烤麦香散发着品质的香,代表着年景。改革开放以来,中国高速发展,特别是中国特色社会主义进入新时代以后,党和国家事业取得历史性成就、发生历史性变革,我国社会主要矛盾已经转变为"人民日益增长的美好生活需要和不平衡不充分的发展之间的矛盾"。刚刚胜利闭幕的党的二十大,科学谋划了未来五年乃至更长时期党和国家事业发展的总目标、总方针、总任务,提出"以中国式现代化全面推进中华民族伟大复兴",擘画了新的宏伟蓝图。可以预见,未来"共同富裕""健康中国"等理念都会渐次落地和日益完善,中国人的日子必然越过越红火,对物质文化生活也必然有着更高的要求。反映在白酒市场上,则为消费者对于白酒"质"的需求已高于"量"的需求,未来将是长期不缺酒、长期缺好酒的时代。如何应对消费升级,满足消费者个性化、差异化、品质化的需求,是广大酒企的必答题。古井集团推出烤麦香"年份原浆·年三十",创新打造一类高品质白酒,既是讴歌时代的应景之举,也是为消费者带来美酒体验的价值体现。幸福的日子比蜜甜,天天都是过大年。烤麦香"年份原浆·年三十"当之无愧担起名酒责任,推动中国白酒技艺和品质与时俱进,为伟大新时代喝彩。

古井集团守正创新,独创烤麦香,为中国年增色添香,令饮者口齿生香,给人民以美的体验。烤麦香里,人们或品味不同、或体悟人生、或畅叙情谊、或俯仰天地、或承继传统、或砥砺奋发,一个多样的人间就此呈现,一个多娇的丰年映入眼帘,一个最好的时代催人向前!

当粮谷酿成一杯醇酒，年三十就到了

肖　印

一

中国人无论在哪儿，总是要过年的。

数千年传统农耕文明的积淀，让中国人的年有着层次丰富的仪式感。比如我的一个朋友，她刚刚从爱尔兰携家带口搬到了英国。对于过年，她可是一丝不苟的：剪窗花、贴春联、包饺子、一桌中西结合的年夜饭，然后夫妻俩陪着两个好奇的孩子守夜。奇怪，在国内觉得麻烦、辛劳的各种操作，在异国的细碎舒展中忽然就体会到了中国春节的浓郁氛围。

这大概就是以世界为坐标系而产生的民族文化认同感吧。

即便在外太空，也不耽误我们中国人过大年。2021年10月进入空间

年是中国人的情感认同

站的三位中国航天员,在天和核心舱里度过了一个难忘的"太空春节"。他们在"天上"吃饺子、写福字、贴春联、挂灯笼,充满了传统的中国年味。若是在地球上的中国南极科考站,少不得最后还要来上一杯香醇热辣,可以驱寒的美酒,那才叫圆满的大年三十。

过大年,过大年,俗语说,"过了腊八就是年"。《隋书》里明确记载:"腊者,接也,取新故交替之意。"到了腊月,就要辞旧迎新了,此时家家户户开始置办年货,过年的氛围便日渐浓厚起来。余世存先生在《时间之书》中如此描述传统的新年,"就像封冻已久的地带突然热闹起来了,人人都在动,走动、劳动、响动。赶年集、买年货,写春联,准备各种祭祀供品,扫尘洁物,除旧布新,准备年货,腌制各种腊肠、腊肉,或煎炸烹制鸡鸭鱼肉等各种年肴"。一如中国北方的一段民谣:"二十三、糖瓜粘,二十四、扫房子,二十五、做豆腐,二十六、去割肉,二十七、宰只鸡,二十八、把面发,二十九、蒸馒头,三十晚上熬一宿,大年初一扭一扭。"一层一层地叠加,一层一层地渲染,直到大年三十和来年初一在子夜时分进行交接,大幕拉起,新的一年又周而复始起来。

二

酒是过年的标配,酒也是人间烟火必不可少的一抹亮色。千百年来,中国人总能从一餐一蔬一杯酒中,得到无穷的动力。

那些复杂的粮香、曲香、窖香、陈香,以及各种无以言表的醇类、酯类、酸类糅合而成的味道,嗅觉被打开,伴随着味觉的自然苏醒,美好的香味让我们心生愉悦,思维活跃,勾起了我们某种久远的回忆。啜一口,再啜一口,似乎心被点燃,似乎人也从内而外慢慢兴奋起来,除了酒,这世上还有什么物质拥有如此的魔力?难怪亚马孙丛林深处的原住民,也要用最原始的薯类来酿酒。

白酒是粮谷的极致转化,对于酿酒人来说,时间是最重要的参数。一粒种子要经历春种、夏长、秋收、冬藏,历经时间的洗礼才能最终成长为上好的酿酒原料;我们的酒醅要在地下沉睡四个月一百二十天的发酵期,才能在秋季开酿;更遑论"桃花开时制曲,花凋曲成",历经千年而愈发精粹一百二十八道复杂的工序,上甑、摘酒、分级窖藏,每一步都需要时间的参与和衡量。春草绿,秋草黄,时间到了,凛冽酒香,荡气回肠。如同时间一到,无论身处何方,我们都要用心准备一桌年夜饭,都要赶赴大年三十晚上的盛宴与团圆。"年份原浆·年三十"恰如其分地集合了酒与物候的关系,用"年三十"恭祝年三十。那么,当酿酒人把所有的感性酿入理性,当粮谷终为醇酒,在大年三十这个所有理性终将化为感性的节日,"晚来天欲雪,能饮一杯无?"

<h2 style="text-align:center">三</h2>

专家们说,传统节日是一个民族历史文化的长期积淀,它体现了一个民族丰富的情感和对生活的热爱。的确,过年对于我们的意义众所周知、毋庸置疑。读懂过年,会更加理解古井人对于年文化的传承,以及对于中华民族优秀传统文化的坚持与弘扬。

出于对产品的自信、对品牌的自信,"年份原浆·年三十"已经不仅仅是"过大年,喝古井,看春晚"多年铺垫的升华,作为一家有温度的企业,除了要在具体而微处用心服务好用户对于美好滋味和美好生活的追求,在更高的层面上,更要心怀"国之大者"。"年份原浆·年三十"在命名与设计上具有浓郁的中国风,仅仅是名字已经足以引起我们关于春节、关于过年、关于文化、关于亲情、关于过去、关于未来等一系列中国特色的、民族文化的以及个人才有的丰富联想。当我们用一杯"年三十"来告别与迎接,我们更愿意说,这杯酒已经不仅仅是一杯酒,它是我们曾经用脚步丈量过的每一寸土地,是奔流不息的大江大河,是矢志不渝的信念与梦想,是希望,是能量,是生命本身热辣的感动,更是"日出东方,其道大光"的未来。

关于过年,我们的祖先为我们留下了丰厚的典籍。在甲骨文中,"年"如一人负禾,象征稻谷成熟,满载而归,有着丰收与丰产的含义。《说文·禾部》云:"年,谷熟也。"谷熟才能酿酒,才能祭祀与祝福,于是古人造"福"

字,便自然而然是一只手举着一坛酒祭祀的形态。古人过年,"各上椒酒于其家长,称觞举寿,欣欣如也","进屠苏酒,胶牙饧,下五辛盘"。我们的传统节日,总是把我们的胃照顾得妥妥当当的。向来温厚的民族,把人间烟火经营得有声有色、有滋有味。如今即便物质极大丰富,即便过年的氛围已和过去有所区别,但在年三十这一天,我们总还是要喝一杯"团圆酒"的。传承几千年的风物志是刻在一个民族骨子里的记忆,一旦有合适的机会,总是要发个芽,冒个泡。

我们总想让客人吃好喝好,否则就会显得自己不够热情、不够意思、不讲面子。没办法,中国人讲,唯美食与美酒不可辜负,我们向来都是这么好客。我们推出"年份原浆·年三十"酒,让每一粒种子都有去处,每一滴酒都有来源,让中国酒与中国节完美融合,古井贡酒向世界推广中国传统文化、中国元素、中国符号有了新的载体。独特的古香型烤麦香型酒,芳香馥郁,燎麦飘香,每年产能不到二百吨,并在风味上"一品多香,具有类似炙烤嫩麦的香气",以产能稀缺、技术稀缺、风味稀缺著称。因为珍贵,所以值得。所以当粮谷终成一杯美酒,当一元复始,万象更新,且让我们举杯"年份原浆·年三十",共祝中国年!

酒中的年味儿

明梦晨

什么是过年,应该是期盼已久,一家人热热闹闹地挤在一张桌子上,吃上一口团圆的饭,斟上一杯醇香的酒。中国的旧历年过起来确实有意思,早早地从吃一口那又黏又稠又香又热的腊八粥时,就微微地听到了年的脚步,这年的行程真是太长太长,一直到转年正月十五闹元宵,在狂热中才画上句号。算一算,将近四十天。

一、年与酒 意相通

每一次过年,都如此神圣。我们会把畅想许久的事情都放在过年来做,比如给自己添一件心仪的礼物,给母亲买一身新衣服,给父亲拎一瓶好酒,或是给孩子置办一份新年的惊喜……

年在一代代中国人心中是无可替代的一个仪式、一份温情。随着人们对"年"文化的不断加强、共同认同,终于成为中国人一股巨大亲和力和凝聚力之所在。

"年"是一个形声字,甲骨文书写"年",上面是"禾",下面是"人",有趣的是,无论是禾还是人,都与酒有关:禾是谷物,为酿酒的原料;人爱小酌,是美酒的赏者。

年与酒,意相通。人们都把对美好生活的向往寄托在一种仪式感上,过年是,饮酒亦是。

天寒地冻,年恰好在农闲时,便有大把的日子可以折腾;年又在四季之始,一种对生活的热望熊熊燃起。所以,对于中国人来说,过年是非要强化不可的了。或者说,年是一种强化的生活。

一切好吃好穿好玩以及好的想法,都要放在过年上。平日竭力勤俭,岁时极尽所能,过年应是人间生活的最美时刻,也曾是每个孩童一年一度灿烂的梦。究其原因,应该是人们都想在过年时使生活靠向理想的水平,把生活与迷人的理想交织在一起,这也是年的魅力所在。

连喝酒也是需要强化的。每到年底,无论是血脉亲情,还是手足之情,也要"总结"一番,备一桌好菜,迫不及待地启封一瓶珍藏许久的好酒,然后在一片酒令声中结束这一场欢愉。一家把最丰富的花样,至上的热情都倾注在团圆的酒桌上。

无独有偶,古井有一款酒与年有关,被命名为"年份原浆·年三十",把这份过年的仪式感展现得淋漓尽致。

"年三十"的研发历时十年,经过无数次工艺打磨和酒体实验,才得以诞生,也表达古井贡酒对中国年的献礼。它的外形结合春联、窗花、爆竹等元素,瓶身像灯笼,彰显欢乐喜庆、团圆美满,预示事业兴旺、日子红火,不仅点亮了游子回家的路,也照亮了亲人的笑脸,为一家人的团圆增添了浓浓的情意。

二、年与酒　味相融

过年,到处张灯结彩,热热闹闹,洋溢着浓郁的节日气氛,这就是年味儿。

在这长长的四十天里,处处有讲究,事事有说法,这些数字与色彩都深刻展示着年的内容,构成了庞大、深厚的年文化。

年味儿看似抽象,实则具体。人们互相问候,总也少不了喜庆、吉祥、平安、有余、长寿等年时吉语,这些切实的生活愿望,此刻全都进入生活,无处没有这些语言,无处不见这些吉祥图案,营造出浓浓的年的环境与氛围。

年与酒,味相融。在人们的记忆中,美好的意象总是附着在具象的物品上。

天南地北,过年的方式各有不同,但人们总是依照自己特定的内涵,从生活中寻找合适的载体。比如说,苹果代表平安,自然就成为年节走红的礼品;梨子有离别意味,在岁时便被冷落一旁;年糕有"年高"之意,成为过年的热宠;而鞋子与邪字谐音,便在人们口中避免提及。

久而久之,人们总结出了"八大习俗",分别是"扫""贴""请""守""放""拜""要""食"。在这满满的仪式感中,其中"食"为民之大事,团圆夜团圆饭,要说年味儿,充满亲情的家宴当然少不了酒。

在年三十这天,喝上一口"年三十"酒,可以说妙哉妙哉。

古井集团潜心打造的"年三十"酒,口感独特,让人一喝便记得,独有的区别于浓、清、酱等传统香型之外的一种浓浓的烤麦香,名为"古香型",是以古井之水,配以古曲,制成古醅,发酵于古窖之中,才酿出的具有烤麦香独特风格的古香型白酒。古井集团为老百姓的餐桌奉上与众不同的年味儿,让过年的期待又多了一分。

三、年与酒　情相长

年,凝聚了对中华民族生活最美好的想象力,是中国人美好生活的核心象征。而酒,是这一切美好的见证。

如今快节奏的生活,让人们直呼没有年意了! 没有年味了! 这种失落,是一种文化的失落。古井集团牵头成立安徽古井贡酒年份原浆·文化研究院,第一场活动就是举办中国白酒首届年文化论坛,因此,古井贡酒对年文化的执着,不仅仅是创造了一瓶酒,更是对中华民族传统节日的最大尊重与弘扬。

每一次过年,都是一次民族文化的发扬,一次民族情结的加深,也是民族亲和力的自我加强。

是我们自己把年味淡化了。临近除夕,看到大小车站,成千上万的人,拥挤着也要抢在大年三十回到家中,我们会感到年的情结依然如故,于是我们才明白,真正缺少的是年的新方式与新载体。

年与酒,情相长。建设年文化是一个不容忽视的文化工程,古井贡酒勇担重任。

"过大年,看春晚,喝古井",从2016年开始,央视春晚就与古井贡酒许

下不见不散的约定,如今已经携手八年,成为消费者耳熟能详的春节"符号"。古井贡酒联袂春晚,以极具穿透力的"年文化"输出,塑造了"年"的品牌战略,并通过全方位、多元化的"春晚"IP矩阵,向世界展示了"中国酿,世界香"的民族认同和文化自信。

"年三十"这一瓶带有鲜明"年"文化符号的超高端产品,凭借自身独特的品类香型和文化特色,把中国传统文化与消费者紧密相连,不仅创造了中国非物质文化遗产"年"的活态载体,而且把人们对年的情感表达得更真实、更鲜活。

从传统到现代、从中国到世界,数千年间,春节的模样不断发生变化,但不变的是古老节日蕴藏的真挚情感和朴素智慧。春节,这个高悬在民族天幕上的古老明灯,以其独特而永恒的光芒辉映着当代中国社会生活。这样的光芒,明亮又温暖。

年三十,挥之不去的记忆

田 林

20世纪70年代出生的我们,小时候最盼的就是年的到来,这也是那个贫瘠年代农村孩子最美的期待。熬煎了一年,不仅可以吃上好的,穿上新衣。最主要的是不用再上学、捡柴,可以和小伙伴玩耍疯跑,开心放炮,那真是做梦都能笑出声的日子。

而我更期待的,还是年三十那天,爸爸的归来。

打我记事起,爸爸就很少在家,更别说陪我玩了。妈妈一个人,家里地里忙活,收割耕种时,都是把我带到地头,泥土就是多变的玩具,我挖泥洞,捏泥人,摔泥瓦,一身是土,其乐无穷。玩累了趴地头就睡着了,醒时一看天快黑了,放声大哭,妈从地垄里慌慌张张跑到我身边。

过年时就不一样了。从进入腊月,妈就忙着给我们姊妹做新鞋新衣,夜深了,缝纫机还在昏暗的灯光下嗒嗒响。吃了腊八饭,就把年来办。妈妈一趟趟赶集,买菜买肉,办齐瓜子、糖果、香、蜡、纸、炮,当然不忘给妹妹买头花,给我买砸炮。腊月二十几就开始蒸馍、烀肉、炸花果麻叶,忙得不亦乐乎。对于我们小孩来说,单是看着馍囤里白胖胖的蒸馍、油光闪亮的花果,闻着锅里热腾腾扑鼻的肉香,就已经馋涎欲滴,心花怒放了。何况因为怕小孩乱说乱动,妈妈会抓把花果或一根油汪汪的骨头打发我出去玩。妈说:"要等除夕爸爸回来,敬过神家先人,我们才可以尽兴解馋。"我急不可待地盼着爸爸,也盼着年三十的到来。

等我大些才知道,其实爸爸更辛苦。他在县城干搬运工,那时车少,都是肩挑手扛拼力气。就这活,还是大伯托人才找到的。每天拉个架子车,走在坎坷不平的土路上,从县城往乡供销社送物资。一般都是晚上出发,一是天亮刚好送到,不耽误买卖;还有就是晚上凉快,路上人稀好走。遇到上坡,累一身汗拉不动,就只好等人路过,请人帮忙。当时的为难心酸不是后来妈妈说,我们不会知道。爸爸就这样日复一日,弓腰拉着几百斤的东西,深一脚浅一脚走在黑路上,一下走了好几年。

只是,爸爸为了多挣点钱,很少回来。年三十人家放假,没活了才回家。这一天,不单我和家人高兴,村里老少爷们儿也很期待。刚回来的爸爸先到村里走上一圈,给围上来的孩子分发糖果,给叔伯们递上香烟。爸爸一边分发着东西,一边讲着外面的稀罕事。在当时,他也算一个见多识广的人了,好多村人不知道的新鲜事,都是爸回来讲给大家听的。

这天,年味达到了顶点,妈妈忙着包饺子,案板剁得砰砰响,灶膛的劈柴燃得通红。爸爸开始贴春联挂灯笼,屋里的墙上,也被他换上了新年画,焕然一新。点上蜡烛,红火亮堂,把老屋映照得熠熠生辉。我们也都换了新衣,虽是老粗布,毕竟崭新板正。我最骄傲的是我家那挂长长的鞭炮,惹得小伙伴们都不舍得离去,守在我家帮着抱柴烧锅,专等我妈下饺子放炮时抢炮。大人看重的是谁家的炮够响够长,预示着新的一年吉祥如意,小孩子一年的快乐都等着在电光声响中尽情释放。

年三十晚上,爸爸会把爷爷奶奶邻里叔伯邀来一起坐坐。他不在家,大家没少帮忙,为表谢意,也是叙叙家常,说说一年的收成,谈谈来年的打算。妈妈天不黑就准备了丰盛的饭菜,炸好的麻叶、花果也摆上了桌。爸爸这时拿出了他从供销社买的老古井,给爷们弟兄倒满。平时不善言谈的庄稼人,几杯酒下肚,心热了,话也多了,无话不谈,亲如一家,酒成了他们交流感情的桥梁。酒能去乏,酒能解忧,酒也能表达欢喜。爸爸一直爱酒,尤其古井酒。古井贡全国有名,古井酒很难得,爸爸平时舍不得喝,唯有这种场合才拿出他的宝贝。大家对着酒杯深吸一口气,啧的一声,然后咂巴着嘴回味,都说这酒好喝,真香。看他们眯眼品味,心满意足享受的样子。我的心也痒痒的,想着等我长大,一定喝个够,也让他们喝上最好的古井酒。

后来,退伍的我,果真如愿成为一名古井员工。扎根这片热土,从青丝到白发,我无怨无诲,古井也给了我很多很多:找到了至爱,拥有了小家。每年春节,公司都发节酒,还有专门的孝老爱亲酒。每年的年三十,看家人叔伯开怀畅饮,品着我带回家的成箱的古井贡,是老爸和我最自豪幸福的时刻。古井最美的酒,敬给最亲的人。让员工享福利,让亲人喝美酒,也让我们懂得感恩。

如今,古井又推出了一款高端酒——年份原浆·年三十,不仅高品质,也有着深厚的年文化内涵,蕴含了人们的家园情怀和对美好生活的期许祝福。年三十,共享人间幸福甜美;年三十,让古井未来可期。

美好中国年，致敬新时代

李　琼

对于过年，中国人总有一种说不出的欢悦、欣喜和久久的期待。

白白胖胖的馒头、热气腾腾的年糕、喜滋滋的心情，雪花飘零的冬日，到处穿梭着的忙碌身影……都是年的组成要素。年味，弥漫在车站港口。怀揣着思乡喜悦的游子，满载着收获，满载着喜悦，满载着期望等候在车站港口，相互问候着。年味，弥漫在商场超市。步履匆匆的人们穿梭于各大商场超市，精心为家人挑选着喜爱的物品。办年货，买年酒，年味也无声息地感染着人们的心情，快乐幸福的字样写满脸上，藏进了心田。

浓浓年味，浓浓情。年是根植于中国农耕文明的时序观，是调节人与

福盼

人、人与社会以及人与自然关系的重要节日。由过年衍生出的年文化是
中华优秀传统文化的重要组成部分。站在时代背景下,该如何用传统文
化致敬新时代呢?

一、年的起源:春种夏长,秋收冬藏

年,最早见于甲骨文,其本义是年成,五谷成熟,《说文解字》:"年,谷
熟也。"引申为一年的收成、年纪、年节、年代、每年的等义。

中国是传统的农业国家,"春种夏长,秋收冬藏",古代中国的传统节
日大都是因农耕农忙农收而兴起的。立春就是"岁节",旧时的节日,也就
是二十四节气中开始的节日,所以"春节"旧时本为"立春日"或叫"立春
节"。立春是"二十四节气"之首,"立"乃开始之意,意思是从立春这天起,
就进入春季了,预示着春耕开始了,所以古人相当重视立春,而在农耕开
始时民间会举办各种庆典活动,"鞭打春牛"、祭祀春神"勾芒神"以示春耕
开始,"岁节"打春牛风俗汉代已有。王充在《论衡》中已提到"立土牛"风
俗,自唐宋流行开来,一直到明清仍然盛行,因此春之节的热闹非凡也自
然形成了"春节"这一节俗。

关于年的历史传说有很多种,较为普遍的说法是年又称大年,是一种
吉祥兽,传说为中国人文始祖伏羲龙马负图的那匹神秘龙马,其背上神秘
的河图图案使伏羲研究出了中国文化滥觞的《易经》。君子自强不息的易
经乾卦正是大年的体现。龙马精神作为一种强大的信念,在人类文明伊
始便深深植入中国人的身体,它是中华民族永远的精神内核。大年能够
大量吸收宇宙中有关幸福、健康、富有等各种吉祥能量,给人们带来一年
好运。在很久远的上古时代,因夕冒名年来侵害人间,年利用夕害怕红
色、声响和光亮的特点,运用鞭炮、对联、灯笼战胜了夕。于是人类有了拜
年、迎年、过年的习俗。

二、年的礼仪:喜庆丰收,团圆共享

从呱呱坠地的婴儿到风烛残年走到生命的尽头,人的一生要经历很

多重要的时刻，如洞房花烛夜、金榜题名时、长亭送故友、乔迁庆新居等。无论是关系着人生命运的特殊时刻，还是日常生活中遇到的悲欢离合等种种琐事，重视礼仪的中国人总要举行各种各样的活动，以突出它的意义不同，而设宴款待亲属宾朋永远是这些习俗中必不可少的头等大事。

而年作为中国人最重要的节日，重人伦与重仪式是其核心，人伦联系着亲情友情，勾连着代际关系，所以人们不远万里跋山涉水，只为和家人、朋友吃顿团圆饭，喝上一杯团圆酒。

中国古人过春节的庆祝活动远比今天隆重，民间传统意义上的春节是指从腊月初八或腊月二十三、二十四，一直到正月十五，其中以除夕、正月初一和元宵节为高潮。在这一连串红红火火的喜庆中，酒是必不可少的。

自东汉起，人们就有元旦饮用花椒酒的习俗。花椒味香，泡酒可暖胃健体。魏晋以后，元旦除进饮花椒酒之外还饮屠苏酒，这是春节最具特色的饮酒风俗。屠苏酒是一种药酒，以肉桂、山椒、白术、桔梗、防风等中药材调配。传说名医华佗住在草庵中，每年除夕便将药草缝在布袋里投到井中。翌日大年初一，人们将井中的水掺杂于酒内一起喝下，新的一年中就可除瘟驱病。

自汉代起，除夕还有守岁的习俗，即大年三十这一天晚上通宵不眠，迎接新旧交替之时。古人认为，老人守岁可以珍惜旧时光阴，年轻人守岁是为了起到延长父母长辈寿命。除夕夜，全家老幼齐聚，佳肴美食，几杯薄酒聊以寄怀，至宋代人们在守岁时还有围坐火炉饮酒唱歌的习俗，来表达人们对于今日团聚和迎接明日的欢乐。除此之外，宋代还有"馈岁""别岁"之俗。"馈岁"是乡亲邻里在腊月之末相互馈赠酒食以示过年之贺，这一习俗一直流传至今。"别岁"是除夕白天，邻里亲友互邀饮酒。喜庆团圆的热烈、追慕先人的忧思、异乡为客的想念、把酒言欢的畅快，那一份份情感在特殊的日子中在酒的作用下，被慢慢放大。

年与酒，酒与年，就这样在推杯换盏中，人们喜庆丰收团圆，一年又一年。

三、美好中国年，致敬新时代：厚重的历史是根基，但不应是全部

对传统文化的研究就是要对传统文化进行忠实的记录，但其目的显然不只是追忆逝去时光，厚重的历史是根基，但不应是全部。

新时代背景下，我们要把中华优秀传统文化更好地传承下去，必须推动传统文化继续保持自身优秀特质，发挥自身优点长处，推动优秀传统文化与现实文化相融相通，努力推进中华优秀传统文化在当代社会生根发芽、开花结果，不断使其结合新的实践要求，推动中华优秀传统文化不断创新发展，更好地融入当今时代、服务当代社会。

发轫于东汉的中国老八大名酒古井贡酒，从中华优秀传统文化中汲取养分，多年来持续推广贡献文化，并以"做真人，酿美酒，善其身，济天下"为价值观，致力于为消费者贡献最好的美酒。

自2016年开始，在年这一重要时刻，古井集团持续深耕，至今已经连续八年特约播出中央电视台春节联欢晚会，"过大年，喝古井，看春晚"这些春节关键词，已经成为古井贡酒最为重要的超级IP。2021年，古井贡酒更是在春晚IP基础上，继续深耕春节营销打法，以"中国年最有仪式感的一天——年三十"为名，打造一款专属于中国年的生肖定制酒，可谓给中国年增添了一抹独特的年味。

2022年，安徽古井集团牵头成立安徽古井贡酒·年份原浆文化研究院。文化研究院成立后的开场秀即举办了中国白酒首届年文化论坛，旨在进一步弘扬中华优秀传统文化，让文化生发古井香，用"年份原浆·年三十"礼赞伟大时代。

年文化作为古井贡献文化的重要体现，把古井贡献文化自始至终串联起来，无论是"古"还是"贡"都体现在"年"上。古井贡酒着力打造"年文化"，把白酒文化和年文化巧妙连接起来，给传统文化注入了新的时代活力，也体现了其作为名酒企业的文化担当。

"过大年，喝古井"更像是一股神奇的力量，刻印在消费者心智中。美好中国年，致敬新时代，而我们也看到了古井贡酒将年味进行到底的决心。

年三十，立在品位与情感之巅

代漫漫

　　年三十，是365天里最隆重的日子，也是1095顿饭中最重要的一顿。煎炒烹炸、焖烩焗扒，最高贵的食材和最精妙的烹饪手法都会应用于这顿团圆宴中。祭祖祈福、举杯祝愿，咀嚼着久别重逢的幸福与喜悦，一顿美味，一声爸妈，这样的年三十，立在我们的品位与情感之巅，是中国人的精神家园。

一、由简渐丰的年三十　始终不变地喝年酒

　　民以食为天，食以年为重。中国人历来重视吃食，哪些美味佳肴能端上年三十的餐桌是有讲究的。从古至今，年夜饭可谓是由简渐丰历经变化，但酒始终在年的餐桌上，推杯换盏中一年又一年。

　　《诗经·周颂·丰年》里记载："丰年多黍多稌，亦有高廪。万亿及秭，为酒为醴。烝畀祖妣，以洽百礼，降福孔皆。"丰收的小米和稻子装满高高的粮仓，酿成甘美的酒献给祖先，祈求祖先降下福禄。这里的"年"虽然还是最初的意义即年成，一年的收成。但是已经可以鉴出中国年的雏形，五谷丰收，年底酿酒，聚集祭祖，过年的习俗已经开始酝酿；而且我们可以鉴出喝年酒是从年诞生之日就有的重要礼节。

　　至汉朝，年的日期与风俗逐渐固定，用椒花和柏叶浸泡的椒柏酒成了年三十的标配。魏晋时期，过年喝的酒又增加了一种"屠苏酒"，即使平时鲜少喝酒的人家，过年也势必来上一壶，取防病除灾之意。"除夕之夜……酒食相邀……长幼聚饮，祝颂完备"。按照西晋《风土记》记载，年三十"酒食相邀""长幼聚饮"已成为风俗。按当时的社会发展，除了达官贵族，多

193

数人还挣扎在温饱线附近,但年夜饭再清汤杂粮也少不了一壶酒,正是那举杯相邀的温情,些许消解了物质匮乏的遗憾。

到了唐朝,年三十的那顿饭才真正像样:头道椒柏酒隆重开场;二道五辛盘,大蒜、小蒜、韭菜、芸薹、胡荽,以辣气抵挡冬日之寒;三道胶牙饧,带着黏性的麦芽糖甜蜜登场;四道汤中牢丸,裹着荤素各色馅料的面食像极了今天的饺子和汤圆。宴饮娱乐,把酒言欢,唐代人有多爱喝酒,读读李白、杜甫可见一斑。年三十,那是自然要喝个痛快的。唐代人喝年酒还有一个特别习俗,就是要从年纪小的喝起,中唐诗人欧阳詹有诗云:"悠悠寰宇同今夜,膝下传杯有几人。"说的就是除夕夜喝酒从小到大的习俗。由小辈先向长辈敬酒,表达新年祝福,这也是唐人重礼的表现之一。

宋明时期,过年的吃食已经渐渐接近我们今天的习惯了。因为年三十的代表性食物饺子、年糕陆续登场。"饺子就酒,越喝越有""酒酿汤圆,团团圆圆""年糕年糕,年年高升",美食变得更有内涵,与中国人的情感希冀日益接轨,合力把年三十演绎得红火圆满。

从古至今,年三十的美食佳酿既是味蕾的极致享受,也是情感的最佳慰藉。一顿美味、一杯年酒,品味的不仅是色香味美,还有一个家族的荣耀与礼仪。举杯敬最长者,祝福家族的"定盘星"福寿康安;举杯敬操劳者,感谢料理一日三餐的点滴辛苦;举杯敬上班族,愿打拼之路平步青云……无论是丰年还是荒岁,勤劳忙碌的中国人都不曾亏待这一天,一代一代坚守与推广,最终让年三十成为全球华人的精神皈依。

二、年三十的国际范　古井贡的世界香

民族的就是世界的,纵使世界各地在文化上存有差异,但人类对于美好事物的追求、对于家族血脉的守望是相通的。年三十的仪式感,映照的是每个家庭热气腾腾的日子。

圣彼得堡的冬宫桥、德黑兰的自由纪念塔、塞纳河畔的红灯笼、罗马大街的春联……每逢年三十,世界多地的地标性建筑纷纷点亮"中国红",

庆祝中国农历新年即将到来。从官方到民间,从华人到本土,中国年越来越多地进入世界各地的主流社会,年文化已经不限于"中华文化圈"里的国家,也不再是华侨华人在唐人街里的"自娱自乐",而是走进全球近两百个国家和地区,成为"世界上最大的节庆盛典"。

看春晚、吃饺子、喝年酒,我们年三十的标配,被越来越多的外国人熟知和尝试。我们的年三十何以越来越有国际范儿?

经济是文化的开路先锋,文化反作用于经济的发展。随着中国经济的持续长红,中国国际地位不断上升,文化辐射力不断加强,中国年在海外的传播速度也不断加快,越来越多的国家和人民,通过中国年,感受到了中华传统文化的魅力。

欢度中国年,畅饮中国酒。一年年春晚播放在世界各地、一列列高铁驶向天南海北,随之而来的是"喝古井,过大年"越来越深入人心。八年联袂央视春晚,冠名中国高铁,古井贡酒对中国年文化的挖掘与推广由来已久。通过"春晚""春运"等热点IP,古井贡酒向世界展示中国年文化及白酒文化的悠久与魅力。

年三十,是立在中国人心尖上的日子,是中国饮食文化的品位盛典,是全球华人的情感皈依,所有最好的都该给予这一天。为此,古井贡酒十年磨一剑,匠心推出古香型白酒"年份原浆·年三十",作为多年探索研发与古法酿艺相结合的高端白酒,"年份原浆·年三十"为消费者提供了更具文化属性、更高品质内涵的购买选择,从而满足其日益增长的高端白酒消费需求。

年年过大年,岁岁办年货。从物资匮乏到丰衣足食,年货承载着我们关于过年的祝福,也是维系情感和记忆的纽带。很多家庭一进腊月就开始张罗了,米面油肉精挑细选,点心零食一应俱全。而年酒的选择至关重要,要买得顺心、送得满意、喝出品位,没有什么比一瓶好酒更能烘托中国的年味,而兼具品质与内涵的"年份原浆·年三十",无疑是最应时应景的选择。

从首开中国酒文化全球巡礼,到提出建设国际化的新古井,古井贡酒

立志做中国白酒国际化的先行者；从坚守十余年五进世博，到首倡"中国酿，世界香"，古井贡酒立志做中国酒文化的传播者。以酒为媒体，对话世界。如今，古井贡酒的出口业务已经面向全球，年份原浆产品已遍布亚洲、欧洲、美洲、大洋洲、非洲等世界多地。

生命因血脉而相继，文化因传承而发扬。"年份原浆·年三十"是五粮发酵蒸腾的精华，是千年非遗的匠心坚守；年三十是血浓于水的美满聚合，是辞旧迎新的厚积薄发，是中华民族守望相传的集体记忆。

岁末将至，我们对时间的感知越发强烈，对家的想念越发强烈。亲朋挚爱，美酒佳肴，红火的中国年，红火的中国酒。将进酒，杯莫停，举杯"年三十"，品味中国年！

饮　年

张 州 亚

　　"年"是中国酒文化最为活跃的时段。每年的三十几晚上,大江南北、千家万户,总少不了推杯换盏恭贺新年。年节饮酒与寻常不同,此时,饮酒不只是品酒之味,更是在品年之味。若是没有酒,年也必定寡淡不少。那么"年"与"酒"何以成为"天作之合"? 一杯年酒里又蕴含着中国人什么样的人生旨趣和智慧哲思呢?

一、酒与年的千年相随

　　酒的别称有很多,如欢伯、壶觞、清酌、昔酒等等,或以其形代指,或以其用、其性代指。值得一提的是,酒还和一个美丽的字"春"相联系。

　　《诗经·豳风·七月》中有"十月获稻,为此春酒,以介眉寿"的诗句,大概是酒与春相联系的肇始。周人酿酒经冬涉春,酿出的美酒称为春酒,在岁末之时作年终邀饮。

　　先秦时期,"年"这个字还没有作为节日的特指,但是百姓们会在新旧岁交替的时候饮春酒,并举行庆丰收、祭先祖、辞旧岁的仪式,被称为春祭或腊祭。虽然这还不是现代意义上的年,但已经是一年到头最重要、最隆重的日子,是年节的雏形。它同时表明,至少从周代开始,酒与早期的年节已经紧密联系在了一起。

　　周朝对酒的酿造和饮用有着非常严格的规定,但奉持"敬天保民"思想的周朝统治者也会在年终腊祭的时候放开对饮酒的约束,允许各地举行各种类型的乡饮,以飨民欲。

　　《礼记·杂记下》:"子贡观于蜡。孔子曰:'赐也乐乎?'对曰:'一国之

人皆若狂,赐未知其乐也。'孔子曰:'百日之劳,一日之乐,一日之泽,非尔所知也。'"老百姓辛苦劳作一年,在这一天终于能够放松下来,用狂欢式的饮酒聚乐和庆祝仪式为全年画上句号。孔子认为,这是上天赐予的恩泽,也是人生的意义!

孔子的这种看法或许正是年终庆祝的习俗自先秦至今,虽不断演变,但始终存在的缘由。

这场岁末的狂欢实在太有必要了。有了它,日出而作日落而息的人们才不会觉得生活像是过于冗长、枯燥、令人疲惫的文章。智慧的先民把人生分成了若干个章节,他们期待每一章节都有始有终,都劳有所得,然后用一场狂欢为每个章节收尾,用一杯春酒敬天地也敬自己。

到了汉代武帝时期,因沿用的先秦古历与天象不合,诏命议定汉历,"年"也在这一时期成为法定节日被确定下来。

"年"脱胎于腊祭且比腊祭更为盛大,过年饮酒之风也更加盛行,朝野都会举行盛大的庆祝活动,张灯结彩、宴饮达旦。同时,相比于腊祭,"年"被赋予了更多意义。汉代新年,子孙向长辈、臣子向皇帝会敬献春酒,意在祝吉祈寿,表达忠敬之情。《齐民要术》载,东汉末年,曹操曾将家乡亳州产的"九酝春酒"敬献给汉献帝,并上表说明九酝春酒的酿造方法,令献帝大喜。

同样是从汉代开始,新旧年交替的夜半时分即年三十的晚上成为年节的高潮。是夜,亲朋好友之间酒食相邀,称为"别岁"。饮毕,全家团聚在一起,点起蜡烛或油灯,围坐炉旁闲聊,终夜不眠,以待天明,称曰"守岁"。唐太宗李世民曾写《守岁》诗:"寒辞去冬雪,暖带入春风。"直到今天,人们还习惯在年三十的晚上守岁迎新。

二、酒"味"与年"味"的情感互通

年节已历数千年,无论如何演变,总是与酒密不可分。其原因在于,年与酒有相同的价值和功能,年的"味"与酒的"味"达成了某种意义上的情感互通。

什么是味?"味"本是一种由味觉器官带来的生理感受,如同耳之于声、目之于色。不同的食材以及食材间相互合作带来不一样的味感。饮食与四时季节的协调、与人体的协调、与场景的协调,使五味之搭配渐有其理,饮食之旨趣渐成其道。"味"也慢慢从低层次的直观感受延伸到心理境界,实现了从"味"到"味道"的哲学意义上的升格:人们赋予每一种"味"不同的"道",不同的味感又在不同的情境融进不同的情感和意蕴。酸、甜、苦、辣、鲜各自衍生出了不一样的人生况味和思想境界。

而在所有的饮食中,酒的味道最丰富。酒有五味,一杯酒,可以表达一切情绪。欢聚要饮酒,"有朋自远方来,不亦乐乎";别离也要饮酒,"劝君更尽一杯酒,西出阳关无故人";失意时要饮酒,"抽刀断水水更流,举杯消愁愁更愁";得意时也要饮酒,"白日放歌须纵酒,青春做伴好还乡"……

我们还可以看到,除了过年,在中国所有的传统节日里,酒的出场率都很高。端午节饮菖蒲酒、雄黄酒,除了辟邪、除恶、解毒,还寄托了我们的怀古幽情;寒食节不能生火吃热食,饮一杯酒在遥思先人的同时,也可以增加热量;中秋节的一杯团圆酒,天上月圆,一杯美酒话团圆。

年为百节之首。从最初的腊祭到现在,几千年来,历朝历代的人们赋予了"年"最深刻复杂的情感。中国年承载了所有中华儿女共通的价值观念和心灵渴盼,蕴涵着中国人对生命、生活最质朴也最具智慧的认知和判断。在这一天,我们辞旧迎新,庆祝一年的收获。在这一天,我们追思先祖,代际的情感因而不会因肉体的消亡而终结。在这一天,我们等来了期待已久的团圆,在外漂泊的游子都要回到"家"这个人生的起点。我们用"年"给生活打上节点,它是结束也是开始,适合向未来郑重许下新的祝愿。

酒恰恰具备这些复杂情感的隐喻功能。陶渊明《饮酒》诗云:"不觉知有我,安知物为贵。悠悠迷所留,酒中有深味。"没有哪种饮食、哪个物品,能够比酒更能够在这一刻代表"年"作为情感的载体和表达——所有的情感通过"年"集中"爆发",又全部汇聚在一杯酒中,一饮而尽。

三、酒与年的价值融合

对丰收的渴望千年如一,对团圆的期待古今相同,传统的家国理念和宗族情感更是所有中华儿女共同的身份印记,使我们无论身处何时何地都无法割舍。在今天,年所具备的价值意义和时代内涵其实更加深刻。

相比于古代小农经济受地理局限的百姓们,现代人奋斗的脚步遍布江河湖海。他乡成故乡,故乡成远方。此外,我们关于收获的定义也有了本质的变化,除了物质生活的充盈,更需要精神的富足,匆忙的行色里越来越多人开始思考奋斗的意义、人生的意义。我们比两千多年前的子贡眼里"腊祭的狂人们"更需要一场岁末的狂欢作为"心灵的修复"。从这个层面来说,所谓"年味淡了"的吐槽,其实也是因为"年"作为所有传统节日里最重要的节日,似乎已经不能满足人们的期待了。

但是,"年"之所以具有跨越时空的非凡魅力,恰恰在于它厚重的文化内涵和无限的包容性、延展性,使其可以被不断挖掘和丰富,包括年的场景、年的仪式、年的饮食、年的风俗等能够与当下的价值相融合以适应新的表达。

2022年9月,中国白酒首届年文化论坛在安徽亳州举办,与会专家深度探讨了年文化的内涵和价值。会上,与年文化相随千年的酒文化就带来了自己的创新:安徽古井贡酒围绕年文化,聚焦"年三十"这一情感高潮的特定时刻,推出属于中国人、中国年的新品——年份原浆·年三十。

如何通过一瓶酒,增香中国年?"年份原浆·年三十"的价值并不单纯在命名上。在工艺上,"年份原浆·年三十"所采用的泥石二窖、U形堆积、四次加曲、三醅生香、麻坛贮存的生产方法,是白酒酿造工艺在发酵容器、发酵方式和用曲上的一大创新。在香型上,"年份原浆·年三十"不同于白酒已有的任何香型,独特的"烤麦香"使原粮的魅力直观的体现在酒的香味上。在品质上,"年份原浆·年三十""陈香幽雅、芳香怡人、甘醇圆润、协调柔顺、绵净悠长",适应了现代人"少喝酒,喝好酒"的饮酒理念。

更重要的是,"年份原浆·年三十"体现的是酒文化和年文化的价值融

明清窖池群

合。中国酒的价值在哪里？必须从它的起点和发展历程中来找寻。中国酒是粮食文化的延伸，岁有余粮、始有佳酿，它来源于老百姓的生产劳作，服务于老百姓的美好生活。它是中国传统文化的重要组成部分，同时它又与节日风俗、文学艺术等其他优秀传统文化组合在一起，滋养着中国人"仁义礼智信""温良恭俭让"的文化内核，以及勤劳智慧、积极勇敢、感恩向上的精神沃壤。

正如中国酒业协会理事长宋书玉所言，古井贡酒把自己的品牌文化与中华优秀传统文化相结合，把自己的产品文化与年文化相结合，既符合党和国家的文化发展方向、中国酒业的文化理念，又走出了独具特色的古井文化道路。

岁月不语，唯物能言。

一杯年三十的酒，最能让我们体味到，人间有味是烟火，至善之境是团圆。尽管岁月匆匆，但新年的钟声和酒杯的碰撞声，会为所有中华儿女记录下对美好的向往和对未来的祝愿。这是酒的价值、年的意义、传统文化的生命力。

年三十:舌尖上的年文化

邓聪慧

"年"是中国人一年中最重要的节日,它不仅是农历新年的标志,也是中华文化的浓缩,承载着人们对团圆、对未来的期许。中国的年酒文化源远流长,内涵精深,无论在历史的哪一个时段,大年三十都是喝酒的最幸福的时刻,能够在舌尖上体会年文化。

在汉代,人们过年时喝的是椒柏酒。这是一种"保健酒",即用椒花和柏叶浸泡的酒。《汉书·平帝纪》颜师古注引《汉注》云:"腊日上椒酒。"东汉崔寔《四民月令》记载:"正月之朔,是谓正旦,躬率妻孥,洁祀祖祢。及祀日,进酒降神毕,乃室家尊卑,无大无小,以次列于先祖之前。子妇曾孙,各上椒柏酒于家长,称觞举寿,欣欣如也。"可知每逢元旦,人们都喝椒柏酒,而且还要用椒柏酒敬奉长辈。汉代人过年喝椒柏酒,要从腊日开始喝,一直喝到大年初一。崔寔《四民月令》记载:"腊明日更新,谓之小岁,进酒尊长。"注云:"进椒酒,从小起。"反映的就是当时过年饮酒的情景。春节这一天,家人放过爆竹后欢聚一堂饮椒柏酒,而且还会从年龄排列,依次递饮,这也是古代风俗。

到了魏晋时期,酒的品种中又增加了一种中药保健酒,即"屠苏酒"。据传,屠苏酒是汉末名医华佗创制而成的,其配方为大黄、白术、桂枝、花椒、乌头等中药入酒中浸制而成。孙思邈著《备急千金要方》记载:"饮屠苏,岁旦辟疫气,不染瘟疫及伤寒。"

旧时不仅"守岁",还有"馈岁""别岁"等花样,样样都离不开酒。北宋时,过年一般一天要喝两遍酒,除了晚上自家人团坐在一起喝酒守岁外,白天邻里之间还会互相邀请对饮,谓之"别岁"。除了喝酒,邻里之间还会

互相馈送酒食,谓"馈岁"。"'士庶不论贫富⋯⋯如同白日,围炉团座,酌酒喝歌'守岁之事,虽近儿戏,然而父子团圆把酒,笑歌相与,竟夕不眠,正人家所乐也"。

宋代之后,过年时,不光是喝酒助兴,还出现了许多创新的娱乐节目,最流行的是掷骰子。大人坐在一起喝酒,小孩则围在一起放鞭炮,放完鞭炮后,缠着大人要压岁钱。

自清代之后,酒又变成了传递感情的使者,赋予了更多的社交功能。过年时,提着好酒送礼拜年的风俗一直沿袭至今。

年,让"酒"更有价值。酒,让"年"更有味道。如今,家家户户心目中,古井贡酒·年份原浆已是沉甸甸的记忆,连续八年特约连播央视春节联欢晚会。

过大年,喝年酒。可以说,如今的古井贡酒已经超出了一瓶普通白酒的范畴,越来越多的华人消费者会亲切地将其称为——中国人的年酒。

对于向来重视节日的中国人而言,作为"百节之首"的年代表着生活和美好。因为寓意着更好,所以千百年来中国人都无一例外在这一天欢聚畅饮,而所选之酒都是日常生活中舍不得喝的好酒,并将其当作"过年好酒"。

当越来越多的人开始注意并选择古井贡酒作为过年喝的好酒时,"年酒"的概念开始初具雏形并迅速地在民间流传开来,似乎只有"古井"与"年酒"组合出现,才是中国人过年应有的味道。

"年酒"古井贡的第一个实力显而易见——有史有实、有些"年头儿"的好酒。

古井贡酒的历史很长,距今一千八百多个"年头儿"是对这段长度的描述。公元196年,曹操上表汉献帝刘协,进献家乡美酒"九酝春酒",开启了古井贡酒的酿酒篇章。2018年,九酝春酒之酿造方法《九酝酒法》获"世界上最古老的蒸馏酒酿造方法"吉尼斯世界纪录。由此,业界和消费者对于古井贡酒古老的"年头儿"有了更为深刻的认知。

比一千八百多个"年头儿"还要长的,是亳州当地的酿造文明。早在距今五千多年的新石器时代,亳州就已经是先民聚集之地。亳州地区的尉迟寺遗址是国内目前保存最为完整、最大规模的新石器时代聚落遗迹,被誉为中国原始第一村。这里出土了近万件石器、陶器等珍贵文物,包括各类饮酒酒具。

这些宝贵的"年头儿"带给古井贡酒的历史价值,积淀上千年,终于在1963年第二届全国名酒评比会上最大限度地得以放大。

当时,首次参加评选的古井贡酒就被评为国家名酒,位列中国老八大名酒第二名,同时收获了具有中国白酒中最唯美的评语:色清如水晶,香纯似幽兰,入口甘美醇和,回味经久不息。这正是对古井一千八百多年传承酿造和亳州五千多年酿造文明的最佳定论。

古井贡酒的"年文化"是:过大年,喝古井,看春晚。

如今,古井贡酒特约央视春晚,陪中国老百姓过大年,中国年标配中国酒,中国酒添味中国年,作为中国老八大名酒之一的古井贡酒始终致力于倡导"贡献美酒 乐享生活"的企业价值,在最具中国气派和中国韵味的春晚舞台上,为传统的年俗文化增姿添彩。

一杯"年酒"里,有对家人的爱,对朋友的情,对祖国的祝愿,对未来的祈盼。

"年三十"汉语概念(包括名称)既有"意义",也有"意味"。前者为其客观所指及其义理,比如"年三十"指腊月三十。后者指这个概念对人产生的作用、影响,比如中国人提及"年三十"会想起家人团聚、亲朋共饮、压岁钱……

"年份原浆·年三十"抓住了过年的主题、主旨以及人们的兴致,即为人们思绪起了兴致:沉淀在其中的个人、家国等悠远的历史都在杯酒中到来。

乐饮白酒,饮之康乐

明梦晨

"对于15—39岁的年轻人,只要喝酒,即便是一滴酒,对身体都有害。""对于40岁以上没有潜在的健康问题的中老年人群,适量喝酒可能会获得助益。"这是医学杂志《柳叶刀》所提的观点。论文一经发出,一片哗然,因与多年来人们深信的"喝酒有益健康"观点相悖。近几年,关于饮酒的争议不绝于耳,不同的看法、不同的声音让人对酒望而却步,甚至谈酒色变。

不可否认,《柳叶刀》是医学权威期刊,但在中国最早的医典《黄帝内经》中却列举了很多"酒做药引"的实例。而且"饮酒无益"的观点是颠覆式的,且具有很大的话题热度,容易被不良媒体拿来博眼球。让人不禁发问,《柳叶刀》是西方杂志,它的研究对象是否包括中国白酒,它的取样人群是否有长期喝白酒的中国人,或是它的观点能否适用于延续千年的中国白酒?

事实上,细心梳理《柳叶刀》报告的原文,没有看到任何中国人口样本的抽样,甚至整个报告中,连"China"(中国)这个单词都没有出现过。

一国一酒一文化,世界各地有着不同的饮酒习惯,如日本人喝清酒,韩国人喝烧酒,中国人喝白酒,俄罗斯人喝伏特加,欧洲人喝红酒……中国白酒能够千百年经久不衰,并不断发展升级,是有深刻原因的,它是我国劳动人民创造的一种特殊饮料,可以说是中华民族的一项值得骄傲的发明。

在中国的传统习俗中,酒文化在各个朝代通过不同的方式一直延续至今,让一代又一代人为之畅饮,为之陶醉。如豪放的李白在诗中所言:

"天若不爱酒,酒星不在天。地若不爱酒,地应无酒泉。"又如现实主义代表杜甫所云:"白日放歌须纵酒,青春做伴好还乡。"纵贯古今,不知有多少文人将一杯情绪洒向杯中。

现如今,白酒不仅深受爱饮者的追捧,也因复杂酿造工艺所形成的许多对人体有益的微量元素而开始备受关注。白酒功能不可替代,它具有物质形态和精神内涵双重属性,更是物质财富和精神灵魂的双重结合。

为什么不能否认中国白酒有益健康呢? 因为中国传统白酒采用多菌系自然堆积固态方式制曲、多维微生物固态发酵酿造和高温蒸馏工艺,在固态蒸馏过程中将产品中的风味物质进行了选择与纯化。尤其是单宁、淀粉经过发酵之后,产生了更高级的形态,比如吡嗪、呋喃、萜烯、脂肽等物质,这些物质对人体的血液循环、免疫调节、细胞活性等都有促进作用。因此,我们要倡导健康饮酒,饮健康美酒。

向着这个目标,中国酒业协会、安徽古井贡酒股份有限公司和北京工商大学首倡建立中国白酒健康研究院,自2017年成立已经六年之久。中国白酒健康研究院以研究提升白酒健康价值、推动科研成果的分享转化与宣传白酒健康文化为目标,开创了健康白酒新格局。

经过多年研究与探索,中国白酒健康研究院已初步解读了中国白酒的健康奥秘,发现白酒中一百多种生物活性成分对人体健康有益,但人们对中国白酒丰富的微量物质和生物活性成分的认识滞后于产业和消费发展。为引导人们全面了解中国白酒酿造的科学性,客观准确认识中国白酒的健康价值,中国白酒健康研究院开展了许多工作。

"健康饮酒,饮健康酒"于中国白酒企业来说任重道远。未来,古井贡酒等众多中国名酒还要继续强化白酒健康标准建设,构建白酒新的品质表达体系,还原白酒的酿造本源,深挖健康因子功能活性并明晰机理,将白酒之美真实地呈现给消费者。

适合的才是最好的。对于中国人的体质而言,白酒辛温,又辣又热,可以散寒,适合中国人虚寒体质。白酒还可以缓解神经肌肉紧张,起到减压助眠的功效,适量饮用纯粮固态酿制的白酒,更有益于身体健康。

中国人喝中国酒,这不仅缘于历史的习俗、情感的熏陶,更是健康养生、品质生活的理性需求。我们要有底气和自信,讲好中国白酒的健康故事,弘扬优秀传统文化,为中国白酒正名。

五　一场年文化的深度对话

从特约春晚,到推出年酒;从举办中国白酒首届年文化论坛,到"点亮年三十 挑战吉尼斯"的活动……高举高打传播推广年文化,矢志做中华优秀传统文化的传承者和弘扬者。

中国白酒首届年文化论坛在亳州举行

杨 燕 文 轩

2022年9月18日,安徽古井贡酒年份原浆·文化研究院成立后的首场秀——中国白酒首届年文化论坛在安徽亳州举行。

亳州市委常委、宣传部部长吉洪武,中国酒业协会理事长宋书玉,山东省军区原副政委幸胜标,西安卫星测控中心原副政委罗士坤,南京大学历史学院院长张生,工业和信息化部工业文化发展中心副主任孙星,中国作协影视文学委员会副主任、中国电影文学学会常务副会长艾克拜尔·米吉提,湖北省文联副主席、湖北省曲艺家协会主席、著名相声表演艺术家、国家一级演员陆鸣,山东省关工委副主任、省委宣传部原副部长黄泽存,古井集团党委书记、董事长梁金辉等参加论坛。论坛由安徽省亳文化研

论坛现场

究会监事长、党支部书记、安徽古井贡酒年份原浆·文化研究院专家委员会委员郭景斌主持。

梁金辉对出席论坛的领导嘉宾表示热烈欢迎。他指出："年"是中国人最重要的节日，是全球华人共同的精神图腾和家园，是中国人的人文聚焦和集合。古井贡酒连续八年携手央视春晚，推出中国人的"年酒"——"古香型"白酒"年份原浆·年三十"。希望借助此次

古井集团党委书记、董事长梁金辉致欢迎词

论坛，进一步弘扬中华优秀传统文化，让文化生发古井香，用"年份原浆·年三十"礼赞伟大时代。

吉洪武在致辞中表示，亳州是国家历史文化名城、全国优秀旅游城市，也是药都酒乡。古井集团全力投身亳州"六一战略"，勇当"华夏酒城"建设主力军，为亳州市高质量发展做出了突出贡献。举办年文化论坛，对于挖掘新年的文化内涵与精神价值、对于传承发展中华优秀传统文化、对于增强中华民族的凝聚力和向心力，具有重要意义。期待各位专家的真知灼见助力古井发展和"华夏酒城"建设。

宋书玉分析、归纳

亳州市委常委、宣传部部长吉洪武致辞

了"年文化"的九大特征，强调古井贡酒把自己的品牌文化与中华优秀传统文化相结合，把自己的产品文化与年文化相结合，既符合党和国家的文化发展方向、中国酒业的文化理念，又走出了独具特

中国酒业协会理事长宋书玉致辞

色的古井文化道路。他希望，中国酒类企业做好文化传承与创新、坚定文化自信、坚持品质至上，为消费者的美好生活贡献美酒及美酒文化，为中国酒业的高质量发展作出更大贡献。

南京大学历史学院院长张生在视频致辞中简要分析了亳州商业文明发展历史、古井贡酒发展历程。指出古井人不断挖掘和提升古井贡酒历史文化和内涵，通过春晚文化平台、多次参与世博会向全世界分享劳动成果。他倡议，进一步扩大交流、加深合作，把古井

南京大学历史学院院长张生视频致辞

贡酒做成中国酒文化的代表，中国工业史、中国企业史的样本，把古井人劳动光荣、贡献伟大的理念传送给全世界。

年文化和酒文化是中华民族优秀传统文化的重要组成部分，论坛现场，来自行业内外的多位专家学者，围绕中国年文化特有的文化价值和内涵展开交流。

南京大学历史学院教授、南京六朝博物馆馆长胡阿祥线上参会，与现

本次论坛宣传照

场参会人员"谈年说酒",探讨品"年酒"、悟"大道"。

华东师范大学中国智慧研究院院长、中国现代思想文化研究所研究员贡华南以"意味深长的年三十"为主题进行分享。

年画艺术家、首批国家级非物质文化遗产代表性项目杨柳青木版年画代表性传承人冯庆钜从"年俗、年画、年酒"三个方面,对年文化进行阐述。

中国酒史学家、山东社会科学院历史所研究员王赛时作"中国的年酒文化"主题演讲。

山东省军区原副政委幸胜标,中国科学技术大

王赛时现场作"中国的年酒文化"主题演讲

学科技史与科技考古系教授张居中,安徽师范大学马克思主义学院教授、安徽师范大学出版社总编辑、副社长戴兆国,中国酒业协会文化委员会秘书长任志宏现场交流发言。

论坛现场,安徽瑞思威尔科技有限公司副总经理何宏魁围绕"五古四

与会专家辛胜标、张居中、戴兆国、任志宏现场交流发言

与会人员合影

曲三醅",U形堆积发酵,泥、石二窖多轮发酵等古香型酿酒工艺,详细介绍"年份原浆·年三十"产品研发与生产情况。古井销售公司总经理助理张怀贵介绍了"年份原浆·年三十"产品设计及内涵等。

据悉,本次论坛由安徽古井集团主办,安徽古井贡酒年份原浆·文化研究院承办。古井集团、古井贡酒股份公司高管及行业组织、高等院校、企业和媒体代表等现场或线上参加活动。

解码烤麦香

酒食评论 李 虓

烤麦香,不仅是对古香型的简单诠释,不仅是品类上的简单创新,而是从上到下,贯穿古井的产品、企业、产区三大层级,成就消费、经销商、行业三大价值的超级战略。

一、基于产品升级的消费者价值:体验高阶的风味艺术

白酒的风味,是一种艺术,复杂性,是至关重要的特点。我们将风味的艺术性与音乐的艺术性进行比对,可以发现,为什么诸如巴赫等人的西方曲目,和诸如《阳关三叠》和《梅花三弄》等的东方经典可以永久流传?

古井贡酒质量科技园

为什么普通的流行音乐即使红极一时,也很难传世? 前后两者的根本区别在于复杂性,即复杂的调式和合音,以及复杂的想象空间。

白酒的风味也是如此,业内通常以"白酒风味论"作为评判标的。在香气层面,高端的美酒一定涵盖了更多范畴,兼具原料香、发酵香、陈酿香。烤麦香之所以成为古井年份原浆的高端风味特征,原因就在于此。它让消费者能够体验到白酒更高阶的风味艺术,主要包括三点:

第一,唤醒香气的本源偏好。烤麦香,顾名思义,重要的一点在于焦香和糊香,类似烘焙麦粒的香气。在生活中能够发现,具备这种香气的饮食,基本都是美食的代名词,比如烤串、牛排、咖啡、黑啤等。为什么会是这样呢? 这是因为人类对于烧烤的食物香气具备本源的偏好。

人们常说"文明之火"这个词汇,火的使用影响了人类的进化,在人类享受火带来的安全感和便利的同时,火也在改造着人类,它大大减少了人类食用生食所用的时间。在火的炙烤下所产生的香气,也深深烙印在了人类的进化历程之中。因此时至今日,人类仍然对这种焦香和糊香情有独钟,油炸食品的制作、红烧菜品的烹调、焦香麦芽啤酒的酿造等均是这一原理的使用。

第二,感受香气的平衡魅力。古井烤麦香的神奇之处在于,酿造过程中并非添加烧烤以后的麦子,却让酒体中出现了烤麦香,得益于古井的特殊工艺。

据相关人士介绍,在酿造工艺上,古井烤麦香采用了"五古四曲三酷""泥、石二窖""U形堆积""三酷生香"的酿造工艺。在这些工艺概念中,能够发现,古井烤麦香的酿造操作,其实是一种复合型工艺。比如四曲,代表多曲种的使用;三酷,代表多种发酵方式的进行;泥、石二窖,代表两种窖池形态的使用。

而如此复杂的发酵方式的集合,只为了达到一个目的——平衡。比如,泥、石二窖,兼具了浓香型白酒的泥窖和酱香型白酒的石窖;U形堆积,采用了酱香型白酒的高温堆积发酵方式,但却保留了自己的工艺特色。

这种平衡性,是烤麦香的形成原因。具体而言,比如石窖和高温堆积，是酱香型白酒的典型工艺特征，其中的发酵高温如同"火烧"的作用，让酒醅中发生了美拉德反应，即形成了类似焦香的风味物质。但古井烤麦香工艺，利用泥窖和U形堆积方式，平衡了这种反应，让焦香风味不至于过重，而影响粮香以及其他发酵香，以至于综合形成了这种烤麦香。

第三，品味香气的复杂层级。这种工艺的平衡，是一种高级的技术，因为相比"彻底"，"控制"更具技术难度，也正因为上述烤麦香的平衡工艺，让其酒体呈现出了非常复杂的层级，不会因为一香过头，而盖过其他。所以，在古井烤麦香的酒体中，基本能够品味到白酒风味论的各种香气，香气跨度之广、香气层次之多，尽显白酒的风味艺术。

二、基于企业发展的经销商价值：共享高端的趋势红利

在产品结构的纵向观察，飞天茅台酒的持续走高，已经完全打开了高端消费市场空间，千元价格带产品已经不再是形象性产品，而是销售性单品，因此高端化、超高端化，不仅是行业风口，还是正在逐渐深化的价值风口。

作为连续四届中国名酒的古井，显然看到这次价值回归的良机，但在品类概念来看，古井的确不占据优势，在浓香之上，另辟赛道，是必然策略。古香型，诞生；"年三十"，问世。

古香型所带来的品类优势，加上年份原浆的品牌优势，"年三十"整体推动了古井产品线向上升级的结构调整动力，带动古井酒、古井贡酒、年份原浆三大价格带产品整体上移，促进古井在白酒存量时代，实现增量增长。

在微观层面，古井企业的发展和产品结构的提升，最重要的仍旧是，将趋势红利让渡给经销商伙伴，因此，在高价值的基础上，"年份原浆·年三十"所配套带来的更是好操作，笔者认为原因有二：

一是，消费场景的深化落地。多年来，古井年份原浆对"年文化"的耕耘，让"春晚""年味""过大年"这些春节关键词，凝聚成古井重要的品牌力。但从品牌心智的角度而言，虽然之前古井一直以"过大年、喝古井、看

春晚"为诉求,不过这是重塑心智的过程,是品牌的主动行为,消费者并没有必要的理由。

但"年份原浆·年三十"的问世,让古井做实了春节场景,"过大年,喝年三十",已经不再是重塑心智,变为借用心智,人们的心智里本来就具备年三十的概念,"年三十,喝年三十"再契合不过。如此一来,品牌广告的拉动,加上消费心智的推动,让古井的年文化营销,更加落地、精炼。

二是,味觉心智的经典应用。不仅是场景营销,"年份原浆·年三十"运用了经典的味觉心智。我们大都记住了"有点甜"的矿泉水,也记住了"纵享丝滑"的巧克力。它们的成功之处在于,让消费者还没有品味,就已经在脑海里和潜在心智关联起来,能够想象到品味后的感觉,从而增加了对产品倡导口感特点的认知,以此形成良性循环,增加了品牌和产品记忆。

三、基于产区打造的行业价值:塑造高维的白酒宣言

以亳州为原点,以二百千米为半径,画圆,能够发现,南北分别交织在黄河和淮河两大流域,古井,坐落于黄淮产区的核心腹地。对比来看,较于川黔产区,黄淮产区的整体品牌力量并没有释放出来,赤水河、红缨子糯高粱,显然已经成为贯穿业内外的IP,黄淮产区却缺乏这样的符号。

在上述背景下,"麦"成为黄淮产区至关重要的基点,笔者认为原因有四:

第一,麦的历史优势。1955年,考古工作者在亳州钓鱼台遗址的一座红烧土台的西端,发现了大量颗粒完好的碳化麦粒,已经距今3000~4000年,这些麦粒,经过了小麦育种学家金善宝先生的鉴定。同时期的碳化麦粒,在河南洛阳皂角树同样发现。这说明,黄淮自古以来就是小麦的重要种植地域。

第二,麦的功能优势。在酿酒业,倡导"曲为酒之骨",骨的作用有两个,一是支撑,二是定型,所以酒曲支撑和决定了酒体的风味。因此,20世纪在大多数白酒消费者的记忆里,"大曲""特曲"的标识成为好酒的代名

词。而对于大曲酒而言,麦是制曲的必备原料;对于多粮大曲酒而言,麦更是制曲和酿造的重要原料。麦的功能,是酿酒环节的核心价值。

第三,麦的地域优势。黄淮产区,是全国小麦的重要供给区,河南、山东、河北、安徽、江苏五省小麦产量占全国小麦产量的75%(2017年数据)。具体而言,一直以来,古井坚持"用好粮、酿好酒"的理念,并将2021年定为"品质管理年"。古井集团专有的安徽怀远龙亢农场的优质小麦基地,规模就达五万亩,而且全部为适合酿酒的软质小麦。据了解,本小麦品种经过了三年酿酒实验,全部采用人工除草和科学田间管理系统,保证古井的绿色酿造。

第四,麦的背景优势。近年来,黄淮流域备受瞩目,黄淮流域生态保护和高质量发展成为重要国家政策,"禹之决渎也,因水以为师",秉持尊重客观规律的思想,"宜水则水、宜山则山,宜粮则粮、宜农则农,宜工则工、宜商则商",麦,成为核心焦点之一。

从上述四点来看,麦能够成为黄淮产区的特色化、竞争化基础和概念,加强产区整体品牌的塑造和提升。

而站在行业格局来看,"粮为酒之肉",只有骨、肉之间搭配起来,才能让中国白酒的形象更加丰满、客观。高粱和小麦交融的艺术,能够让世界白酒消费者,看到中国白酒的全景面貌,看到华夏农耕文明的伟大传承。

综上所述,烤麦香,是古井产品思维、企业思维、产区思维的系统战略基点,是消费价值、经销价值、行业价值的综合价值载体。烤麦香、古香型、年份原浆、古井集团、黄淮产区……不过才刚刚开始。

把盏年三十,畅谈中国年酒文化

酒食评论 李 虓

中国白酒文化博大精深,如果浓缩到一处,集尽饮酒人的世相百态、尽显酒文化的包罗万象,只有一个交集处——过年。

过年的时候,平时不喝酒的人,或多或少也会喝上两杯;即便平日不常醉的人,或许会醉他一场,就像老舍先生在《新年醉话》说的那样,"大过年的,要不喝醉一回,还算得了英雄好汉吗?"

无论是"剪烛催干消夜酒,倾囊分遍买春钱",还是"一樽岁酒拜庭除,稚子牵衣慰屏居",过年的酒里,还被赋予了更多丰富的情感内涵,以及中国传统的文化精妙。

酒对于过年必不可少,就像年对于国人不可或缺,而这两条主线交织在一起,就成了极具中国特色的"年酒文化"。"中国年酒"何时兴起? 如何传承? 又代表了国人怎样的文化心态? 笔者简论,以飨读者。

一、古往今来,年酒流长

年酒,几乎伴随了年的出现。在远古时期的甲骨卜辞中,"求年""受年"及"受黍年"等关于"年"的字样已经出现,但这个时候的"年",仅是一种时间的代称,代指庄稼生长与收获的周期。

虽然此时"年"还没有"年节"的意义,但"年酒"已经出现了,甲骨文中具有"辛丑卜,于一月辛酉酒黍登? 十二月"的字样,这里的"登"字,代表的是"登尝",正是商代新年改岁的庆典。

当然,更能说明"中国年酒"源远流长的,还要提到那首脍炙人口的五律诗——《正旦蒙赵王赉酒诗》,出于南北朝诗人庚信之手,细品细看,句

句点明了"年酒"要义：

首先，第一句开门见山，表达年酒的作用，"正旦辟恶酒，新年长命杯"，过年饮酒，具有"辟恶"和"长命"的作用。

然后，再二、三句，一口气提到了四种"年酒"。"柏叶随铭至，椒花逐颂来。流星向梳落，浮蚁对春开"，"柏酒""椒酒"指的是能避开恶气的配制酒，采用柏叶和椒花浸泡得来，而"流星""浮蚁"则近似米酒的形态，所谓"星"或"蚁"，均代表漂浮与酒液中的米渣。

最后，结尾句则以典故彰显年酒所承载的情感。"成都已救火，蜀使何时回"，这里借用的是《神仙传》中栾巴的典故，隐喻身世之感，流露乡关之思。

可以说，中国人"过年喝年酒"的做法，古今流长，已逾千年。

二、幸福，年酒的"祝酒词"

古人过年，为什么要喝酒呢？最早期当然在于祭祀，比如，商代晚期的甲骨文黄组卜辞记载："乍余酒朕禾，酉余步从侯喜征人方，上下败示受余有祐？"此外，《周礼》中也郑重提出："国索鬼神而祭祀，则以礼属民而饮酒于序。"

欢乐祥和中国年

正因为这样举国上下、全家老少都要参与的大事件,却为众人的欢聚提供了再好不过的契机,如东汉崔寔《四民月令》,记录了汉代家庭过年的流程:"正月之旦,是谓正日。躬率妻孥,洁祀祖祢。前期三日,家长及执事,皆致齐焉。及祀日,进酒降神;毕,乃家室尊卑,无小无大,以次列坐于先祖之前:子、妇、孙、曾,各上椒酒于其家长,称觞举寿,欣欣如也。"能够看出,这种场景,与当今除夕夜,家人围坐、举杯欢愉的团圆宴几近等同。

而通过这处记载,也能够看出,过年喝酒已经从"进酒降神"和"列坐先祖",转化到了"称觞举寿",感受"欣欣如也"的幸福情景,才是过年的重头戏。

这种国人幸福时刻的延续,传承到了后来的历朝历代,比如晋代《风土记》记载:"除夜祭先竣事,长幼聚饮祝颂而散。"意思是,在忙完神灵和祖先的祭祀工作后,大家就开始了喝酒、聊天,表达祝福了。

而唐朝,在大唐风韵的映射下,现场中歌舞升平,更是不在话下,如唐朝卢照邻《元日述杯》有诗云:"人歌小岁酒,花舞大唐春。草色迷三径,风光动风邻。愿得长如此,年年物候新。"人歌、花舞、岁酒、草色……一片欣欣向荣。

时间来到明清,过年欢聚的盛况,比前朝过之而无不及,如明人沈宣的《蝶恋花·除夕》,详细描述了明人过年的现实场景:"分岁酒阑扶醉起,阖门一夜齐欢喜。岁夜高堂列明烛,美酒一杯声一曲。"让人浮想联翩,除夕之夜,烛火通达,一杯美酒,一段歌声,闭门聚饮,欢乐良宵,醉到搀扶,方才散去。

因此,中国年酒,是国人生活的幸福极顶,年酒文化最重要的关键词,就是幸福。

三、年三十,才是年酒

古往今来,中国人饮年酒的习俗从未改变,中国年酒的流传也与时俱进,每个时代都有具有时代印记的年酒,为国人的幸福生活时刻添得一樽兴旺。

在当今时代背景下，四次蝉联"国家名酒"的古井贡酒，率先唱响了"中国年酒"的时代之音，无论是"中国白酒首届年文化论坛"的举办，还是"年三十"产品的推出，都让"中国年酒"这一文化现象更加清晰可触、更加融入新时代的国人生活。那么，古井贡酒，以何承载中国年酒文化呢？

首先，烤麦香型，寻味了年的味道。如果说年是有味道的，那么，一定是粮谷的醇香，《说文解字》载"年，谷熟也"，《谷梁传》说"五谷皆孰为有年，五谷皆大孰为大有年"。年酒的风味底色，即是粮食之香、丰收之味。

古井贡酒不仅提出了"中国年酒"的理念，更酿造了"中国年酒"的风味，以"年三十"命名的烤麦香酒体，充盈了麦熟谷成的粮香，这是一种特殊而熟悉的炙烤麦粒的喷香，特殊的是，在白酒香气中堪为首创，而熟悉在于，这却是麦穗收获季节中，大多数人共通的美好香气烙印。

再者，年份原浆，尊重了年的意义。如果说人生有尺度，那么刻度便是年，中国人以"年"来确定生命的周期，蕴含着生命路程，每一年的流转，直接而醒目地表现出人生命流逝的印痕。

人是年的产物，酒也是如此，古井贡酒年份原浆正是两者的统一体现：一方面，尊重年的自然变化，赋予美酒更天然的美好品质；另一方面，尊重年的人文规律，让每一次饮酒、每一场欢聚都有格外的纪念意义。

最后，古井贡酒，放大了年的幸福。如果生活有高潮，那么一定是过年，这是中国人的幸福极顶。从2016年开始，在每年除夕夜的春节联欢晚会，这一举国同庆的幸福时刻，古井贡酒都在陪伴着家家户户的欢声笑语、团圆共情，见证着一年又一年的时光流转、岁月更替。如果说春晚是中国人年夜饭里不可或缺的一道开胃菜，那么古井贡酒就是不可替换的幸福酒，"过大年、喝古井、看春晚"成为一种新的年俗。

这不仅是一种战略眼光的体现，更是一种家国天下的文化担当，正因为"做真人，酿美酒，善其身，济天下"的宏大心境，方能感知到年酒对于国人幸福的重要意义。

所以，古井贡酒，定义了新时代的年酒。

"清尊旨酒陈满堂，柏叶色翠椒花香。添豪更尔弄狡狯，两颊酒带屠苏红。"这是清代胡敬《岁朝图》的诗句,书写了各式各样的年酒,而在后人的记录之内,我想古井贡酒亦是浓墨重彩的一笔,因为,它承载了中国年酒文化的流传,升华了中国年酒的意境。

懂酒，懂年，更懂美

酒游记

在中国文化体系中，年是中华民俗最醒目的文化符号，也是中国影响最深远的非物质文化遗产。作为中国老八大名酒之一的古井贡酒，一直在致力于对"非遗"的挖掘、保护、研究和利用。它不仅先后获得了"国家级文物保护单位""国家级工业遗产""国家重点文物保护单位"等荣誉，更在2021年，其酿酒技艺又继吉尼斯世界纪录之后，成功入选了第五批国家级非物质文化遗产，形成了华夏酒城亳州独特的文化景观。2022年9月18日，中国白酒首届年文化论坛在亳州宾馆盛大启幕。古香型烤麦香"年份原浆·年三十"这一瓶带有鲜明"年"文化符号的超高端产品，凭借自身独特的品类香型、文化意识和民族特色，不仅成为中国非物质文化遗产"年"的活态载体，同时它也在懂酒，懂年，懂美中，让中国传统文化扎根于消费者之间，更真实、鲜活、系统地呈现出来。

俯瞰亳州，它处于黄淮名酒产区核心地带。这里沃野千里，四季分明。早在五千多年前，亳州一带已经开创了较早的酿酒技艺。目前，亳州境内，包括尉迟寺遗址、钓鱼台遗址等三十处新石器文化遗址中出土的丰富的粮食积存和多样酒具，不仅间接证明了亳州作为华夏酒城和当时酿酒生产的规模性，也记录了华夏祖先在文明之初，为美好生活励精图强的痕迹。因为发达的酒文化，亳州酒也一直是"美酒"的代称。

一千八百多年前，曹操将《九酝酒法》敬献给汉献帝，开创了中国"贡酒"历史；万历年间，亳州"减酒"名震天下；新中国成立后，古井贡酒作为亳州酿酒技艺的传承者，更是连续四届蝉联中国名酒的殊荣，有了"酒中牡丹"的美称。如今，亳州五千年酿酒技艺的无间断传承，皆回荡在古井

白酒酿造场景

贡酒·年份原浆的"年轮"之中。

而古香型烤麦香"年份原浆·年三十"在传承亳州《九酝酒法》酿造古法上，以"五古四曲三醅""U形堆积发酵""泥、石二窖多轮发酵"为特点，所酿出的"烤麦香"型白酒，成为亳州白酒酿造技艺的集大成者。同时，其生产工艺的复杂性，生产周期的长期性，以及"国宝单位"，包括明清窖池群、明清酿造遗址，北魏古井、宋代古井等要素的稀缺性，"年份原浆·年三十"无疑会以更先进酿造智慧理念，推动中国白酒技艺和品质与时俱进。

走进亳州，更懂"年"。众所周知，亳[hó]是中国最古老的汉字之一，也是安徽亳州的专属字。按照个体拆分，甲骨文中的"亳"字顶部，是一个"人"字，体现的是定居的意思，人字其下是"口"，则代表仓廪，也就是"贮存""富足"之意。下面是一个小麦麦穗的象形，引申为丰收的粮食。可见，亳州自古至今，一直占据了中国农耕文明的"天时、地利、人和"。

早在六七千年前，人类便开始在亳州繁衍生息，孕育了华夏民族最初的农业，因此，亳州成为中华文明的一个发源地、农耕文明的肇兴之地。再看中国"年"的甲骨文，形如一人负禾，象征稻谷成熟，满载而归。《谷梁传·桓公三年》："五谷皆熟为有年。"所以，"年"也是华夏农耕文明的重要表

黄淮平原软质冬小麦收割现场

达,代表了谷物成熟的时刻。

对于传统农耕民族而言,年象征着丰产,代表着风调雨顺、人丁兴旺。由此,亳州作为中国农耕文明的一个起源地,以及粮谷富足、人丁兴旺之地,也必然是探源中国"年文化"的起源地。如今,古井贡酒结合亳州小麦富足的地域特性和先进的酿造技艺,开创"年份原浆·年三十""烤麦香"型白酒。以"年"文化为表达核心,以"年酒"为主要形象,以"烤麦香"为沟通

"年"字解读

桥梁,不仅能够直接关联到亳州五千年农耕文明传承的故事,中国"年"的美好想象,更能以通俗化、大众化、形象化的阐述,唤起消费者内心深处追求"丰收、富足、美满、新生"的情感共鸣和精神共通。

品味"年三十",更懂美。在中国,年,是时间的刻度,象征了历史积淀之美;年,是美酒的品质,象征了岁月陈酿;年,是最具中国农耕文化特色的符号,象征了"富足美好"的中国梦。同时,年也凝聚了中华民族生活最美好的想象力,是中国人美好生活的核心象征。而酒是这一切美好的见证。"年份原浆·年三十",一款以年文化为主题的琼浆玉液,在产品、品质、文化上更懂中国美!

第一,美在产品。细看"年份原浆·年三十"瓶型,它结合了传统大红灯笼的造型,瓶身雕刻龙纹,飞龙祥云为衬饰,金黄色的字体为中文书法体,这些最具传统古典文化的美学语言,既体现了古井贡酒从中国传统文化传承而来的美学思想,也能让消费者能直观感受到"年"文化所营造的饮酒氛围,从而提升饮酒体验。

第二,美在品质。"麦香"是中国人温暖的情感记忆。而"年份原浆·年三十",不仅传递了中国祥和、丰收的生活美学,同时也凭借"陈香幽雅、芳香怡人、甘醇圆润、谐调丰满、绵净悠长"的品质高度,阐述了古井酿酒人遵循自然,传承创新,以科学传承美、以科技创新美。

第三,美在文化。酒和年,都是中华农耕文明的产物,精神文化象征。如今,在文化酒热潮的引领下,"年份原浆·年三十"以一种"年"文化的温度、历史的长度和文明光辉,打造超高端产品,不仅蕴含着丰富的中华哲学智慧,更展示着中华民族独特的精神情感和价值追求,这是中国高端白酒更高级的美学消费。年,是光阴的刻度,酒,是光阴的故事。年与酒的结合,浑然一体,其集大成者是"年份原浆·年三十"。相信随着古井贡酒对中国"年文化"民族符号和精神图腾的深层解读,必然会以更高端的美学文化体验,在全球传播中华优秀传统文化,致敬当代华人美好生活!

厚植"年文化"基因，做中国人的"年酒"！

酒　说

对于中国人来说，"年"有着特殊的意义，它不仅象征着团圆和亲情，而且每一家过大年的温情时刻总少不了酒的身影，这也是一种独有的文化传承与情感共鸣。

2022年9月18日，安徽古井贡酒年份原浆·文化研究院成立后的首场秀"中国白酒首届年文化论坛"在安徽亳州举行。

亳州市委常委、宣传部部长吉洪武，中国酒业协会理事长宋书玉，山东省军区原副政委幸胜标，西安卫星测控中心原副政委罗士坤，南京大学历史学院院长张生，工业和信息化部工业文化发展中心副主任孙星，中国作协影视文学委员会副主任、中国电影文学学会常务副会长艾克拜尔·米吉提，湖北省文联副主席、湖北省曲艺家协会主席、著名相声表演艺术家、国家一级演员陆鸣，山东省关工委副主任、省委宣传部原副部长黄泽存，古井集团党委书记、董事长梁金辉等参加论坛。

以酒为媒，古井贡酒与年文化有怎样的价值契合？这场特殊的年文化论坛向行业传递了什么？"年份原浆·年三十"给出了与众不同的"年酒答案"！

一、厚植"年文化"，"年份原浆·年三十"礼敬中国年！

从古至今，中国人对于过年都尤为重视，贴春联、年夜饭、守岁拜年……每一个场景都深深地刻印在中国人的脑海里。

古井集团党委书记、董事长梁金辉指出，"年"是中国人最重要的节日，是全球华人共同的精神图腾和家园，是中国人的人文聚焦和集合。

"年"是时间的度量,是历史的刻度,是久别的团圆和追梦的起点,是对过去的总结,也是对未来的绵延,承载了中国人太多的情感寄托、劳动成果和精神诉求。

作为中国老八大名酒之一,古井贡酒连续八年携手央视春晚,"过大年,看春晚,喝古井"这句流行语传遍大江南北、逐步深入人心。

历经十年研发,古井贡酒于2020年推出中国人的"年酒"——古香型烤麦香白酒"年份原浆·年三十",以情感和家国天下为精神载体和核心内涵,是古井贡酒与中国年文化高度契合的直观表现。

亳州市委常委、宣传部部长吉洪武在致辞中表示,亳州是国家历史文化名城、全国优秀旅游城市,也是药都酒乡。古井集团全力投身亳州"六一战略",勇当"华夏酒城"建设主力军,为亳州市高质量发展做出了突出贡献。

中国白酒首届年文化论坛的举行,将进一步挖掘中国年文化深厚内涵,坚定文化自信,为发扬光大中华优秀传统文化贡献古井力量。

二、文化生发古井香,让中国年更有味道!

作为中国传统文化的重要组成部分,年文化也被中国人赋予了鲜明的时间印记、深厚的情感认知和独特的文化价值。

中国酒业协会理事长宋书玉认为,中国的"年文化"具有独特鲜明的九大特征.年是时间跨度最大的节日,年是美好生活的精彩写照,是感恩、感谢的最好时刻,是分享、表达的最佳节日,是感受亲情的节日,是承载着儿时的美好记忆,是永恒的经典,是全球华人的标签,是非宗教性的传统节日。

宋书玉指出,古井贡酒把自己的品牌文化与中华优秀传统文化相结合,把自己的产品文化与年文化相结合,既符合党和国家的文化发展方向、中国酒业的文化理念,又走出了独具特色的古井文化道路。希望中国酒类企业做好文化传承与创新、坚定文化自信、坚持品质至上,为消费者的美好生活贡献美酒及美酒文化,为中国酒业的高质量发展作出更大贡献。

结合亳州商业文明的发展历史和古井贡酒的发展历程，南京大学历史学院院长张生指出，古井人不断挖掘和提升古井贡酒历史文化和内涵，通过春晚文化平台，多次参与世博会向全世界分享劳动成果。

借助此次年文化论坛，进一步扩大交流、加深合作，把古井贡酒做成中国酒文化的代表，中国工业史、中国企业史的样本，把古井人劳动光荣、贡献伟大的理念传送给全世界。

三、价值赋能，读懂中国人的"年酒密码"

年文化和酒文化，都是中华民族优秀传统文化的重要组成部分。酒文化是年文化的具象，年文化是酒文化的载体。二者相互碰撞、相互交融，持续焕发新时代价值。

酒说认为，伴随时间的变化、个人的成长，人们对于美好生活的向往与追求持续高涨，"年的记忆"愈发珍贵，"年的滋味"愈加丰富，"年的内涵"愈加深刻，这一过程像极了时间加持下的美酒醇化生香。

南京大学历史学院教授、南京六朝博物馆馆长胡阿祥，年画艺术家、首批国家级非物质文化遗产代表性项目杨柳青木版年画代表性传承人冯庆钜，中国酒史学家、山东社会科学院历史所研究员王赛时，华东师范大学中国智慧研究院院长、中国现代思想文化研究所研究员贡华南等多位来自行业内外的权威专家学者，围绕中国年文化特有的文化价值和内涵展开深入交流，为以"年份原浆·年三十"为代表的中国年酒价值赋能。

以"年份原浆·年三十"为载体，古井贡酒传承中国年文化，创新酿酒工艺，勇担名酒责任，打造出具有古井独特风格的烤麦香型白酒，持续推动中国白酒技艺和品质与时俱进，不断满足消费者对美好生活的诉求，助力中国酒业的高质量发展，在更高维度创新中国酒文化的价值表达。

以年酒深耕年文化

酒食评论　李　虓

中国酒,是精神和物质的合一。"酒+社会万事",汇而成为广博的中国酒文化。比如,"酒+礼法",演绎为酒礼;"酒+文学",则形成独特的酒歌、酒赋。可以说,酒在文化层面,具有极强的包容性和承载力,是溶解万事万物的文化融媒。正因为酒具有这样的特性,当我们品味一款白酒的时候,并非仅仅嗅其香,尝其味,而是感受物质之上的文化意境,即所谓"醉翁之意不在酒"。所以,以品牌为依托,万千白酒也形成了丰富多彩的品牌文化,比如君子文化、家国文化、王者文化、雅文化等,以追求与消费者精神共鸣。

临近春节,随着白酒氛围高涨、年味渐浓,与古井品牌深度捆绑的"年文化"也开始逐渐成为关注的焦点。2022年,古井贡酒继续特约播出央视春晚,而近年来,古井还推出和加码超高端产品——"年份原浆·年三十",直接以年三十的场景来命名产品。由此可见,从品牌的高举高打,到渠道的生动化建设,再到独特产品的落地,古井"年文化战略"的架构基本完成。

那么,为什么古井不遗余力地深耕"年文化"?我们如何理解古井的"年文化战略"?古井对于"年文化"的打造,又为行业提供哪些品牌文化打造的思路?根据观察,笔者试论,以飨读者。

一、年文化,古井品牌的"三好战略"

品牌文化,首要作用是服务品牌,古井对于年文化的打造,有三个方面的品牌积极意义。

第一，深耕年文化，拉升了古井品牌高度。年，是国民心中的"最高级"；过年，是国人最隆重的一天，是仪式感最强的一天，是情感表达最充分的一天，而在礼尚往来之中，也是国人最尊重别人的一天。所以，以"年文化"赋能品牌和产品，古井的年份原浆产品成为"中国年礼"的代表，具备了"年"的顶级属性。

如果"国礼"是国家层面的至高礼，而"年礼"正是国人层面的至高礼。如此，不仅拉升了古井产品的品牌高度，更可以作为对比定位和引导消费的依据，"年礼，即是至高礼"，在礼赠和宴请场景，所表现出来的更具仪式感和尊重性的认知，占据更大竞争优势。

第二，深耕年文化，丰富了古井品牌价值。年文化几乎承载和包容了所有中国文化里的美好寓意，比如团圆、幸福、欢聚、辞旧迎新等等，而这些具有悠久传统的文化寓意，则通过年文化的打造，自然而然地赋能到古井贡酒的产品上。一方面能够加强产品的心理共鸣，增加了产品的文化卖点；另一方面也拓展了品牌张力，增加了品牌溢价。

第三，深耕年文化，强化了古井春节消费。过中国年，喝中国酒，白酒几乎是中国人过年的"必备品"，而春节也是众多白酒品牌的商家必争之地、提量动销之时。古井贡酒不断打造年文化的品牌文化，无论是冠名春晚，占据品宣制高点，还是推出"年三十"酒，夯实场景强关联，均形成了无法复制的优势壁垒，这无疑增加了古井在春节场景的消费魅力。

尤其是"过大年，喝古井，看春晚"认知的不断强化，古井已经成为一种年俗，而年俗则是一种民族惯性，当品牌行为成为民族惯性，所形成的销售力和品牌力，可想而知。

二、年文化，文化自信的"三好选题"

品牌文化，作为企业和消费者广泛互动的桥梁，真正优秀的品牌文化，通过品牌之力，会对社会起到正向的积极作用，隶属于企业文化、社会担当的范畴，比如华为、李宁等品牌所引发的爱国潮，正是最典型的例子。所以，对于古井这样百亿级的一线名酒企业，其品牌文化的打造必然考虑到对社会公众的文化责任,而年文化正是践行文化自信的好选题。

张灯结彩展现浓浓的年味儿

首先,助推年文化,即是添彩全国联欢。过年,是普天同庆的联欢状态,无论是哪个民族,哪片地域,无一例外都迎接并庆祝新春。古井基于年文化的软性传播、硬广投放等,在品牌宣传的同时,也是在营造过年的氛围,为全国联欢贡献品牌之力。

2022年春节,古井贡酒除了冠名春晚,还是特别创意推出了年文化主题的社交互动化活动——"点亮年三十",无论你是否饮酒,无论你身在何处,都可以通过"古井到家"小程序参与进来,在趣味性的社交互动中,传递祝福、共营气氛,同时古井还将发放千万级别的福利赠送给全国参与者。

再者,助推年文化,即是践行文化自信。当下中国把建设文化强国放在了前所未有的突出地位,文化自信,要找到文化坐标,重新认识和整合文化资源,构建具有民族气质的文化战略。春节正是中国传统文化的遗产,是最具活力的文化节点和精神依托,而年文化正是文化自信的优质选题。

所以,无论是古井还是其他品牌,在整合传播中所输出的关于过年团圆、敬老、礼遇等主题的创意和创新,本质上都是在践行文化自信,推动文

化自信。

具体到2022年,古井贡酒还特别举办了"中国年·中国味·点亮年三十"安徽青年迎新春主题文创大赛,从中国文化的角度诠释中国年味,在中国年味中表达中国文化。

最后,助推年文化,即是增强民族向心。从整体文化环境来看,外来文化的输入与日俱增,比如国民对于外来节日的偏好就是最明显的例子,所以这要求我们要有更强大的民族向心力来坚守民族传统,兼容世界精粹。中国白酒作为中国文化的重要体现,理应承担对于中国文化的弘扬之责。

欢乐喜庆中国年

而过年是民族共鸣的集中表达,以中国酒推动中国年的新时代表达和创意,则是增强民族向心力的最好呈现,一方面,年文化是民族精神的"最大公约数";另一方面,中国酒则是民族精神的普世载体,两者融合在一起,将加强文化穿透力和影响力。

三、年文化,白酒品牌的"三好案例"

依据上述分析,古井贡酒对于年文化的打造,也为行业呈现了一个经典的白酒品牌文化塑造案例,有三点借鉴意义和价值。

首先,古井年文化,是文化认知与品牌拓展的结合。品牌文化作为白酒产品的溢价手段,需要有两方面的条件:第一,消费者心智中已经具有此文化认知,而且是强关联,比如年文化,年是全中国人的心灵寄托,具有根深蒂固的文化根基。第二,品牌所借助的文化要具有丰富的拓展性,比如年文化,除了聚焦于年本身,所承载的幸福、团圆、亲情等诸多文化理念均可以附着在品牌之中,给予了品牌更大的文化张力和价值拓展。

其次,古井年文化是品牌传播与消费场景的结合。品牌文化虽然是品牌传播和消费互动的重要主题,但其最终效果,还是要促进产品的销售,而非空中楼阁,评判的重要标准就是看其文化能否落地到相应的消费场景,比如古井的年文化,形而上的可以代表中国精神,而具体又可以落地到春节消费场景之中。再比如红牛的力量文化,形而上的可以演绎为拼搏精神,而具体又可以落地到能量补充的应用场景。

最后,古井年文化,是企业发展与社会担当的结合。古井打造年文化,对内有助于品牌的塑造和企业的发展,而对外则有利于民族向心的增强和文化自信的践行,具有重要的社会担当价值。这在全球品牌塑造中也很常见,比如可口可乐,不仅是一种碳酸饮料的创领品牌,更代表了美国的精神,无论它在全球任何地方销售,都在传达美国的文化,成为文化输出的端口和媒介。所以,对于中国白酒品牌而言,也是如此,要考虑并结合文化对于社会的影响,才能更有品牌拥护力和张力。

从目前古井的发展阶段来看,年文化的品牌战略,将成为古井全国化进程的必要支撑,而年份原浆系列产品,尤其是"年三十"超高端产品,将是重点打造的领航型产品,而随着"过大年,喝古井,看春晚"意识的逐步深化,古井贡酒已经成为风俗化,成为过年的重要元素;借助年文化的广泛认知和丰富延伸,古井贡酒将更加成为代表中国文化的内核力量,代表年文化,就代表中国。

中国年+中国酒=中国年酒

微酒　张　强

如何用酒文化来弘扬传统文化,这一直是行业的难题。本次年文化论坛的召开或许是解答这道题的关键。

一、"中国年"为何如此重要?

在中国民间,最深广的文化,莫过于"年文化"了。要传承发扬好年文化,须明白它是什么,价值有哪些?

"年是时间的度量,是历史的刻度,年是久别的团圆,追梦的起点,年是过去的总结,是未来的绵延,年承载着中国人的情感寄托、劳动成果。"

喜庆年氛围

古井集团党委书记、董事长梁金辉在会上说。

对于年，亳州市委常委、宣传部部长吉洪武有着深刻的看法，他说："年是中华民族传承时间最长、节庆气氛最浓、影响最广的盛大节日，蕴含着中国传统文化精髓，承载着中华民族精神，年是传统节日，也是传统文化。"

那么，中国年文化又有哪些特征呢？中国酒业协会理事长宋书玉在会上总结出九大鲜明的文化特征：一是，年是跨度最长的节日；二是，年是美好生活的精彩写照；三是，年是感恩感谢的最好时刻；四是，年是分享表达的良辰吉日；五是，年是感受亲情的节日；六是，承载着儿时的美好记忆；七是，年是永恒的青年；八是，年是全球华人的标签；九是，年是非宗教的文化节日。

"年文化和酒文化是中华民族优秀传统文化的重要组成部分，酒文化是年文化的具象，年文化是酒文化的载体。"南京大学历史学院院长张生在会上表示。

中国著名酒史学家、山东社会科学院历史所研究员王赛时将中国年酒的发展历程进行了解读，从战国的椒酒、到唐宋的屠苏酒、再到元明的柏酒、年酒最终演变成中国节日生活的标志。无论在历史的哪个时段，年三十都是喝酒的最幸福的时刻。

节日是节气转换的关键节点，按照古老的智慧，人应当跟随节气的转变，人的生活、生产节奏也要随着天地日月的节奏转换。因此，过年喝酒就成为必不可少的项目。华东师范大学中国智慧研究院院长贡华南讲述了年酒由来。

中国年文化，独具魅力，无疑是传播中国传统文化一个很好的介质。古井贡酒深入挖掘中国年文化内涵与精神力量，打破常态化思维，进行积极探索与创新，将年文化融入日常生活之中，赋予其全新的时代内涵。

当中国年文化穿越数千年融汇到一瓶酒中，历史与现实交相辉映，古井贡酒成功地让传统文化在新时代"流动"起来了。

二、一瓶中国年酒应该具备哪些表达？

当消费与文化绑定,酒企要做的是什么？让文化成为产品基因,这是答案之一。

年蕴含着农事、哲学、民俗、神话、信仰等深层内涵。一款中国年酒,不仅要满足消费者个人化、差异化、高端化的需求,还要拥有一定的文化内涵和品质高度。

年三十并不仅仅是一个品牌、一款产品、一瓶酒,而是中国酒的实体存在与中国年文化的融合。

古井贡酒以"年三十"命酒,也是看中了它的美好寓意,年文化是中国传统文化,象征着"团圆、美满、幸福"之意,"年三十"可谓是拥有十分浓厚的文化艺术蕴涵。

"年份原浆·年三十"正是古井对年文化的现代化表达,这也是"年三十"作为一款高端文化名酒,创新品牌文化、践行初心使命的又一次有力实践。

传统文化,生生不息。此次正式亮相的"年份原浆·年三十"产品形象设计灵感来源于过年挂的红灯笼,以中国传统文化为切入点,融合场景素材,将年文化的美好意向生动表达。

除了极高的艺术鉴赏价值,"年份原浆·年三十"酒的品质亦是卓越,它是古井贡酒立足世界十大烈酒产区的亳州,结合独有的、无法复制的"古井、古曲、古醅、古窖、古法"五大核心条件,采用"泥、石二窖,U形堆积,三醅生香,麻坛贮存"的酿造工艺,形成了行业独有的烤麦香味的新香型白酒。

"年份原浆·年三十""陈香幽雅、芳香怡人、甘醇圆润、协调柔顺、绵净悠长"的酒体风格,香味清新自然,具有很强的辨识度,也得到了中国白酒健康研究院的专家一致认可,被定义为中国新一类"高品质"白酒。

自带文化属性的白酒与中国年结合,对于消费者而言,是满足物质与精神文化需求的有效途径,所以到今天,中国年终于和一款中国酒结

合而生。

把中国的酒文化与中华年进行有机结合、总结提炼,再用中国人看得到、听得懂、喜欢喝的产品去讲述,让中国年酒更加温暖、更加亲近、更加生动。

一瓶融合中国年文化和价值追求的好酒背后,折射了"年份原浆·年三十"极致的产品理念。

可以看出,在中国年酒的差异化表达中,"年份原浆·年三十"具有独特的优势。"年份原浆·年三十"以其特有的设计语言、个性与标识的融入、稀缺性与收藏性等特点,成为中国年酒的完美诠释。

有行业人士认为,"年份原浆·年三十"不仅是中国白酒文化与中国年文化深度融合的具象演绎,是文化与美学结合的用心之作,更是古井品牌与中国年深度链接,持续在文化战略上发力、弘扬文化自信的再一次向上而行。

三、贡文化结合年文化,文化先行的古井贡!

当前,文化竞争力再度成为名酒企业落实产品升级规划、塑造个性化品牌形象,以及占领市场高地的重要武器。

随着时代的变迁,文化消费从匮乏、单一、模仿到多元、自主、创新,物质条件的丰富,也使得高品质文化需求成为消费市场重要的落脚点。

早在一千八百多年前,曹操将家乡美酒进献给汉献帝,为古井贡酒打上了深刻而独特的文化烙印。

带着浓厚文化基因的古井贡酒是中华文明孕育的产物,传承中华文化更是古井贡酒的天然使命。作为华夏历史上知名的贡酒,古井贡酒提出"做真人、酿美酒、善其身、济天下"的定位。

这就是古井贡酒的文化内涵,而古井贡酒也非常清醒并精准地抓住了这一点,贡文化是其文化根脉,而年文化则是贡文化的衍生与发展。

一直以来,白酒都是中华文化的载体,而"中华第一贡"的角色,更加决定了古井贡酒必须有不一样的文化姿态,它需要承担更多文化责任,站在更高的视角去引领行业,更加坚定文化自信。

正如古井集团党委书记、董事长梁金辉所言,将极具中国文化特色的年文化提炼发展,同全球进行文化交流互鉴,是时代赋予古井贡酒的神圣使命。

由此来看,古井贡酒其实并不仅是要扮演白酒文化缔造者的角色,更是要在新时期运用传统与现代的各项手段,树立自己演绎者和传播者的行业地位。

何谓先生，中国诗词大会里的"诗风酒道"

酒游记

古井贡酒·年份原浆，是中国人的年酒，也是中国诗酒文化的重要源头和杰出代表。

2023年中国诗词大会，由古井贡酒"年份原浆·古20"冠名，正月初四开播，十期联播，正月十三完结，围绕"欢喜、寻味、燃、寒暑、先生、本来、心动、天下、十年、远方"十大关键词依次展开，为2023年的开春之旅奉献了一份令人怦然心动、内涵丰富的文化盛宴。

一、"先生"神韵

十大关键词，中国诗词文化的十大场景，十大意境。其中，"先生"一期，诗中有酒，酒壮诗魂，精彩诠释了古井酒神曹操一生所追求的"对酒当歌"的超然意境，和"经世致用"人生理想。

那么，何谓先生？

2023中国诗词大会中的"先生"一期，通过现代虚拟仿真技术重现了苏轼、黄庭坚"鄱阳湖相会"的场景，并用很大篇幅讲述了"苏门四学士"的故事。

黄庭坚是苏门四学士中知名度最高的，几乎可以和苏轼齐名，因此后世将此二人并称为"苏黄"。但是黄庭坚始终保持着对苏轼的尊敬和仰慕之情，并以"先生"敬称苏轼。黄庭坚仰慕的是苏轼的才华和风骨。

巧合的是，"苏门四学士"中的张耒，出生在古井贡酒产地亳州，其才华虽略逊于苏轼、黄庭坚、秦观，但也深得东坡风骨真传。在苏轼、黄庭坚、秦观陆续去世后，张耒几乎独自撑起北宋晚期的文坛，得到了当时文

人士大夫的尊重和真心追随。

由此可见,中国诗道,唯有风骨可传千年。中国诗词千千万,但是可称之为风流人物的诗人却寥若晨星,苏轼可算其中一位,被后世尊为"先生"。可见"先生"之重,重在"风骨",重在气节。

这也正如"先生"开场词所说:"云山苍苍,江水泱泱。先生之风,山高水长。"在中国文化中,风骨是一种高尚的品格,亲近山水田园,深得儒道精髓,秉承"经世致用",留取丹心照汗青。

二、醉者神全

古井贡酒产地亳州,是中华文明重要发祥地,老子和庄子都出生在亳州这方神奇的土地之上。

老子"无为而治,道法自然",写《道德经》,开创"道家学说"。庄子,道家又一鼻祖,两者相差约两百年,但是庄子继承老子"道法自然"的思想,使道家真正成为一个学派。老庄的结合,可谓是中国文化风骨相传的典范。

老子、庄子出生在中国酒乡亳州,他们与酒的故事流传至今。虽然老子对酒的态度,没有详解,但"孔子问礼于老子"大醉三天不醒的故事,或可表明老子对酒同样是"顺其自然,无为而喝"吧。

与老子比,庄子对酒态度热烈。《庄子·达生》中说:"夫醉者之坠车,虽疾不死。骨节与人同而犯害与人异,其神全也,乘亦不知也,坠亦不知也,死生惊惧不入乎其胸中,是故遻物而不慑。彼得全于酒而犹若是,而况得全于天乎?"

庄子的"醉者神全"就是中国的酒神精神。他奠定了中国文化中"诗·酒·人"三位一体的风骨:诗中有酒,酒壮诗魂,诗酒融合。后世诗人,或浪漫,或现实,或豪放,或婉约,但无不受醉者神全的影响。

庄子,真可谓中国诗酒文化的"第一大先生"。

三、对酒当歌　经世致用

庄子之后,大约又482年,另一个亳州人——曹操登上了中国历史的舞台。在经过多年的南征北战、政治搏杀之后，公元196年，曹操迎汉献帝刘协至许昌，总揽朝政，并将家乡的美酒九酝春酒进献给汉献帝，以表作为臣子的忠心，奠定了古井作为"中华贡酒"的历史。

曹操，可称之为中国历史上的风流人物，伟大的政治家、军事家、文学家。对他虽有争议，但曹操活得真实且潇洒。他一生胸怀天下，才华横溢，文韬武略，志在统一中国，一生都在为结束东汉末年军阀混战、民不聊生的局面而奋斗。

因此，曹操的诗，意境深远，雄浑壮阔，中国儒道融合的文化特征在曹操诗中有着鲜明的体现，其中最著名的是那首《短行歌》。"对酒当歌，人生几何。譬如朝露，去日苦多"《短行歌》以酒开篇，神似老庄，但又以"周公吐哺，天下归心"作为全诗的结束，体现了其深受"修齐治平，经世致用"的儒家思想影响。

曹操是中国诗词建安文学的奠基人。曹操以酒写诗，直抒胸臆，受其影响，整个建安文学都充满酒意：曹操"对酒当歌"，曹丕以诗酒治国，曹植做《酒赋》，竹林七贤更是醉卧山林。

建安文学，是中国诗酒融合的第一个高峰，虽然酒气冲天，但无不心系天下。魏晋风骨，影响深远，唐诗宋词均能看到建安文学的身影。对中国大诗人而言，纵使身处江湖之远，也难以忘却"庙堂之高"的使命和职责，这就是中国诗酒文化的"天下之道"。

因此，我们总能在中国诗词中看到"文起八代之衰，道济天下之溺，忠犯人主之怒，勇夺三军之帅"的大能耐。那些能够在中国诗坛留下一席之地的大诗人也都是"至坚至刚，一时不能有二"的大先生。

四、古井酒道

在中国诗词历史中，曹操开宗立派，引领建安文学发展，可谓中国大诗人、大先生。曹操还是古井贡酒的酒神，其"对酒当歌，经世致用"的诗文特质也对古井贡酒产生了特殊而持久的影响。

影响之一在传承：古井贡酒，始于九酝春酒，拥有近两千年酿造传承，

其酿造方法"九酝酒法"被吉尼斯世界纪录认证为"世界上现存最古老的蒸馏酒酿造方法"。古井贡酒文化博览园是国家 AAAA 级景区，拥有"北魏古井""宋代古井""明清窖池群"等国家级文物，完美演绎了中国白酒无断代传承的历史。

影响之二在美学：古井之美，犹如诗词。古井贡酒·年份原浆，秉承九韵古法，采无极之水，配桃花春曲，汇缘酒精华，素有"酒中牡丹"之美誉。古井贡酒"色清如水晶、香纯似幽兰、入口甘美醇和、回味经久不息"专家评语在白酒行业久为流传，被称为中国白酒最美评语，古井之美，给消费者带来了一份特殊的美酒体验。

影响之三在奉献：古井贡酒作为中国老八大名酒之一，始终把奉献作为企业文化的核心和灵魂，并形成了"做真人、酿美酒、善其身、济天下"的企业价值观。过去十年，古井首倡"中国酿 世界香"理念，连续多年开展中国白酒全球巡礼活动，先后走进美国纽约、韩国丽水、法国巴黎，意大利米兰……在世界范围内弘扬中国白酒文化，彰显中国文化的独特魅力，推动中国文化自信。

源自亳州的古井贡酒"年份原浆·古20"，秉承中国诗酒文化儒道相合的思想，冠名央视中国诗词大会，弘扬"先生"明道之风，做到人酒合一，酒道相承，酿造美酒，奉献社会，实践了酒神曹操"对酒当歌，经世致用"的酒神精神。

诗中有酒，酒壮诗魂。这是中国白酒产业的神来之笔，恰到好处，实至名归。

后记：畅谈年与酒

在中华民族绚丽多姿的众多节日中，春节是最悠久、最隆重、最富有民族特色的，而在春节的众多习俗中，饮酒又是最具仪式感的表现形式之一。从先秦时期的"春祭"，到汉代的"守岁"，从《诗经》"为此春酒，以介眉寿"，到《汉书》有曰："酒为百礼之首。"酒与年的关联，绵延千年已久。

丰子恺在《过年》里说道："年底这一天，是准备通夜不眠的。"老舍在《北京的春节》写道："过了二十三，大家就更忙起来。"还有周作人《过年的酒》中提道："过年照例要过，而支出大增，酒想买一坛而不大能，而过年若无酒，在我就不是过年了。"对于过年，人们都有着自己的方式，爱酒的人在过年时尤其要喝得尽兴。

古井集团作为中国老八大名酒企业，始终将弘扬中华民族优秀传统文化的责任和担当记在心上。基于此，2022年古井集团成立"安徽古井贡酒年份原浆·文化研究院"。近些年，古井一直围绕中国年文化开展系列研究活动，努力思考用更好的形式，来致敬"中国年"。文化研究院成立后的首场活动就是举办"中国白酒首届年文化论坛"，进一步发掘中国年文化的深厚内涵，为坚定文化自信，发扬中华优秀传统文化贡献力量。

在年文化论坛上，南京大学、华中师范大学、安徽师范大学等文史哲学科专家学者云集，谈酒论文，发表真知灼见，对中国年文化的挖掘、研究起到推陈出新、继往开来的作用。编者对其中的诸多亮点予以梳理，结集成册，以供有科研或知识需求的读者阅读参考。

书籍由五个章节构成。第一部分辑录的是年文化论坛上领导嘉宾的致辞和演讲内容，如中酒协宋书玉理事长提出"年文化至少有鲜明的'九大特征'",年画大师冯庆钜感慨"年华易老,技艺永存"。第二部分收录的是文史哲等专家学者谈酒话年的精品佳作,如胡发贵的"千年古井酒,欢伯'年三十'",以及艾克拜尔·米吉提说"在新时代让人们的生活洋溢着古井贡酒特殊的'烤麦香'"。第三部分整理了酒文化直播中诸位专家对年文化和酒文化的一些理解及感受,道出了过年饮酒助兴的真谛。第四部分内容主要是对年文化有普遍理解的一些阐释,体现出年与酒斩不断的关联。第五部分重点整理了酒业媒体对古井深耕年文化的分析解读,角度新颖,见解独到。

编者将时间和心血化作这本《年与酒的时光印记》文集,感谢为这本书的出版努力和付出的人,感谢支持古井贡酒文化发展的专家学者,感谢天津人民出版社。

年文化研究是一篇大文章,等待着后来的人去追寻和挖掘,古井人愿做这个执着的耕者,在中华民族传统文化这片茂密的丛林中,呵护、浇灌、培植"年文化"这棵大树,使它更加根深叶茂,茁壮生长。

编者

2023年1月